salute&bene

Foto in copertina e in inserto: © Guido Ruzzenenti.

Edizioni L'Età dell'Acquario è un marchio di Lindau s.r.l.

Lindau s.r.l.
corso Re Umberto 37 – 10128 Torino

Prima edizione: ottobre 2014
ISBN 978-88-7136-529-9

Marica Moda

IL GRANDE LIBRO DELLE RICETTE SENZA LATTOSIO E PROTEINE DEL LATTE

Edizioni
L'Età dell'Acquario

IL GRANDE LIBRO DELLE RICETTE SENZA LATTOSIO E PROTEINE DEL LATTE

Con l'augurio che questo libro possa essere un aiuto e un piacere per molti.
A tutte le persone che come me hanno problemi di intolleranze e allergie alimentari, perché come me non si sentano più in difficoltà;
a tutte le persone che hanno il piacere di mangiare in modo sano, rispettando il proprio corpo;
agli amici che mi hanno sostenuta nella realizzazione di questo progetto;
al mio compagno di vita e fotografo personale, Guido, che ha catturato attimi in cucina con la sua macchina fotografica;
alla mia «grande» famiglia che mi ha insegnato il piacere di mangiare bene, studiare sempre, non mollare mai e cucinare con amore per me e per gli altri.

Introduzione

Mi presento, sono Marica Moda.

«Moda», il dizionario della lingua italiana ne dà una chiara definizione: «comportamento variabile nel tempo che riguarda i modi di vivere, le usanze, l'abbigliamento; modello di comportamento imposto da individui o gruppi».

Con questo libro si può allora parlare di: «Mangiare alla Moda!», non perché questo tipo di alimentazione possa definirsi passeggero come uno stile di abbigliamento, ma perché riguarda una precisa scelta di vita in campo alimentare, o se insorgono delle allergie alimentari che inevitabilmente vanno affrontate anche a tavola.

Alcuni amici quando hanno saputo che stavo scrivendo questo libro mi hanno suggerito il gioco di parole con il mio cognome, e non avevano tutti i torti. Il mio cognome racchiude in sé modi di vivere che vanno modificati in funzione di allergie o intolleranze, usanze alimentari che possono cambiare se si fa una scelta etica e morale, modelli comportamentali-alimentari se si vuole seguire una dieta sana e leggera, ma tutto ciò senza perdere il piacere di mangiare, senza annoiarsi in cucina preparando sempre gli stessi piatti, mettendo un po' di fantasia e un po' di stile. Per questo ho studiato e creato ricette che avessero buon gusto... alla Moda!

Intolleranza e allergia

Quando si scopre di essere allergici o intolleranti alle proteine del latte o al lattosio, la prima domanda che ci si pone è: «E ora cosa mangio?». Si ha la netta e spiacevole impressione che tutto contenga latte, lattosio, siero di latte, latte in polvere e derivati, ed effettivamente molti alimenti li contengono, spesso come ingredienti effettivi del prodotto o in altri casi utilizzati come conservanti naturali.

Con queste mie semplici ricette, da giovane donna allergica, mi propongo di far riscoprire il piacere di mangiare cibi buoni, sicuri e anche un po' dietetici.

La maggior parte delle persone può mangiare tranquillamente molti alimenti senza riscontrare alcun problema, altre invece, a causa di alcuni alimenti o ingredienti in essi contenuti, possono avere reazioni negative. Queste reazioni si distinguono in due tipologie differenti per gravità, intensità e durata: l'*intolleranza* e l'*allergia alimentare*.

L'*intolleranza* al lattosio (uno zucchero presente nel latte e nei suoi derivati) è un caso di intolleranza enzimatica in cui viene coinvolto il metabolismo ma non il sistema immunitario (come invece accade in caso di allergia) ed è caratterizzata dall'incapacità dell'organismo di metabolizzare il lattosio.

È un'intolleranza molto diffusa: da alcuni studi si evince che ne soffre il 75% della popolazione italiana. Può sembrare un numero elevato, ma va considerato reale in quanto molte persone non sanno nemmeno di essere intolleranti perché non associano il loro stato di malessere (magari non troppo grave) con l'ingerimento di questa sostanza.

L'intolleranza è causata da un difetto degli enzimi intestinali (lattasi), che inibisce la loro normale capacità di scindere il lattosio in zuccheri più semplici (glucosio e galattosio), impedendone quindi l'assorbimento da parte dell'intestino.

Nel caso dell'intolleranza, solitamente i sintomi si presentano entro poche ore dall'ingestione e si manifestano con dolori e gonfiore addominale, meteorismo e diarrea; inoltre va evidenziato che la sua gravità è strettamente legata alla quantità di allergene ingerito.

Nel caso in cui si riscontrino questi sintomi è opportuno provare a fare il primo passo per capire se si è intolleranti, eliminando il lattosio dalla dieta e valutando se i sintomi scompaiono spontaneamente.

La difficoltà, per le persone intolleranti e soprattutto per quelle allergiche, sta nell'individuare quali siano gli alimenti che contengono lattosio e proteine del latte. È necessario imparare ad abituarsi a leggere con molta attenzione le etichette dei prodotti alimentari, anche dei prodotti di uso quotidiano, perché molto spesso accade che le produzioni industriali cambino, facendo sì che un alimento che fino a ieri era idoneo non lo sia più, in quanto contaminato.

Per questo motivo, soprattutto una persona allergica deve fare molta attenzione non solo alla lista degli ingredienti, ma anche alle diciture sottostanti, scritte in corpo più piccolo, come ad esempio: «Prodotto in uno stabilimento che utilizza latte e suoi derivati».

L'*allergia alimentare* invece è più grave, e vede coinvolto il sistema immunitario.

L'allergene, a prescindere dalla quantità ingerita, innesca nel sistema immunitario una catena di reazioni, tra cui la produzione di anticorpi, che determinano il rilascio di sostanze organiche (istamine), le quali provocano vari sintomi: prurito, lacrimazione, tosse, affanno.

Il sistema immunitario protegge il corpo da sostanze estranee normalmente innocue, percependole come dannose e scatenando una reazione per eliminarle attraverso la produzione di anticorpi.

Gli anticorpi immunoglobuline E (IgE) reagiscono all'allergene scatenando i mastociti presenti sotto la superficie cutanea, nelle membrane del naso, nell'apparato respiratorio, negli occhi e nell'intestino, rilasciando istamine.

La reazione del corpo può essere immediata o presentarsi in maniera ritardata dopo varie ore, o addirittura giorni; in alcuni soggetti la reazione può essere lieve, in altri più violenta e addirittura letale (anafilassi).

Come si manifesta un'allergia

Una persona allergica che ingerisce l'allergene può avere quattro tipi di sintomi, singolarmente o combinati tra loro, che possono provocare la morte anche in pochi minuti:
– gastrointestinali: con nausea, vomito, diarrea e dolori addominali;
– cutanei: con prurito, arrossamento, bruciore, formicolio, calore e tensione della pelle;
– respiratori;
– generalizzati (shock anafilattico).

Lo shock anafilattico richiede un'immediata assistenza medica, necessaria ad aiutare la persona a superare la crisi; per questo motivo la prima cosa da fare in caso di crisi allergica è chiamare un'ambulanza, far sdraiare la persona, controllare le pulsazioni e la respirazione.

Un primo soccorso può essere praticato dall'infortunato stesso, tramite l'utilizzo di un salvavita: una siringa autoiniettante intramuscolare di adrenalina (dal 2005 a carico del SSN per le persone allergiche).

Questa potrebbe non essere risolutiva, ma può concedere il tempo necessario per raggiungere il Pronto Soccorso o attendere l'ambulanza.

Un altro farmaco che può aiutare la persona che sta avendo una crisi allergica, anche se ha un'azione più lenta, è il cortisone. Può essere somministrato sia in pastiglie sia in fiale: le pastiglie vanno fatte sciogliere sotto la lingua per accelerarne l'assimilazione, mentre le fiale vanno iniettate tramite una piccola siringa (che sul mercato non esiste già pronta), pertanto risultano più complicate da utilizzare in caso di crisi allergica, soprattutto se la persona si trova da sola, perché priva della lucidità mentale e del controllo fisico necessario per preparare la siringa.

Come reagisce il corpo a una crisi allergica

Normalmente il sistema immunitario difende il corpo dalle sostanze ritenute nocive e dannose per l'organismo come virus, batteri e tossine. Nelle persone allergiche la stessa reazione di difesa viene attivata da una sostanza che generalmente è innocua, ma che viene recepita come dannosa, innescando una risposta immunitaria.

Ogni alimento potrebbe causare una reazione allergica, ma i cibi che più comunemente ne sono responsabili sono il latte, il glutine, le uova, la frutta secca e i crostacei.

A oggi, i due gruppi più numerosi di soggetti allergici sono quello dei celiaci (allergici al glutine) e quello degli allergici al latte. La differenza in termini di riconoscimento sanitario sta nel supporto economico da parte della Sanità Pubblica: gli allergici al glutine ricevono un assegno mensile riservato all'acquisto di prodotti alimentari senza glutine, acquistabili in farmacia, di un importo poco inferiore a 300 euro, mentre ancora oggi le persone allergiche al latte purtroppo non ricevono alcun sostegno di natura economica, cosicché sulla loro spesa familiare grava un importo elevato, causato dell'acquisto di prodotti specifici molto costosi.

Un'allergia alimentare spesso si manifesta già durante l'infanzia, ma può manifestarsi a qualsiasi età, con maggiori probabilità nei periodi di forte cambiamento fisico (come lo sviluppo).

Come si scopre

L'ipersensibilità individuale a determinati alimenti, o a sostanze in essi contenute, sta avvenendo con maggiore frequenza rispetto al passato. Probabilmente, gli stessi processi di lavorazione degli alimenti hanno a che vedere in qualche modo con l'aumento esponenziale di intolleranze e allergie alimentari.

C'è comunque una certa confusione creata dall'uso improprio del termine «allergia». Il più delle volte per «allergia alimentare» si intende una qualsiasi reazione sgradevole che sia legata all'assunzione di uno o più alimenti.

In realtà, è possibile parlare di allergia alimentare solo quando l'organismo reagisce in modo anomalo ed eccessivo ad alcuni alimenti o ingredienti, producendo anticorpi nei confronti delle sostanze che contengono.

Al contrario, come abbiamo detto, quando il sistema immunitario non viene coinvolto si deve parlare più propriamente di «intolleranza alimentare».

Nel caso si manifestino disturbi a seguito dell'ingerimento di alcuni alimenti è consigliato parlarne con il proprio medico, nello specifico meglio con un allergologo, il quale saprà indicare l'iter diagnostico più adatto da intraprendere.

I test diagnostici

La diagnosi di un'allergia alimentare è semplice e immediata solo quando compaiono sintomi caratteristici specifici, piuttosto severi, tanto da portare a visite urgenti subito dopo l'assunzione di un determinato alimento.

Spesso però la loro individuazione non avviene in maniera così semplice e lineare, soprattutto quando la reazione e i sintomi sono variabili o incostanti, rendendo la diagnosi più difficile.

Le procedure diagnostiche più utilizzate per valutare la possibilità di un'allergia alimentare sono rappresentate da test cutanei (Prick test) e da esami di laboratorio (RAST test, CAP-System).

Il Prick test viene eseguito ponendo alcune gocce di allergene sulla pelle, che viene poi leggermente graffiata; la comparsa entro 20 minuti di gonfiore e arrossamento localizzato indica che vi è stata una reazione in risposta all'allergene testato.

Il RAST test (Radio Allergo Sorbent Test) e il CAP-System sono degli esami del sangue – eseguiti il primo con metodo radioimmunologico, il secondo con metodo immunoenzimatico – finalizzati alla ricerca di uno specifico tipo di anticorpi, le immunoglobuline E (IgE). Si può effettuare inoltre il test di provocazione orale, svolto necessariamente in ambulatori attrezzati e con la supervisione di personale medico. Queste prove vengono eseguite somministrando l'alimento che si sospetta essere l'allergene (o quelli più comunemente responsabili di crisi allergiche) sotto forma di gocce, capsule o pappine in modo da eliminare completamente la componente psicologica legata all'assunzione di una porzione di cibo vera e propria. Quindi si osservano eventuali reazioni che l'organismo sviluppa in seguito all'assunzione dell'alimento.

Un'alternativa ai test tradizionali è la dieta di eliminazione, che si attua principalmente quando sono presenti patologie croniche come eczema, orticaria o problemi gastroenterici.

Spesso consigliata ai bambini, la dieta di eliminazione consiste nell'evitare per un certo periodo di tempo tutti gli alimenti sospetti e quelli più comunemente responsabili di reazioni allergiche.

Se i sintomi migliorano, si procede alla reintroduzione graduale degli alimenti, uno alla volta.

Se protratta a lungo nel tempo, il rischio che una tale dieta può comportare è quello di creare una serie di carenze nutritive, pericolose soprattutto per chi è in fase di crescita come i bambini.

Pertanto questo tipo di dieta dovrà sempre essere praticata sotto la supervisione di un medico, che ne valuterà gli sviluppi.

La mia esperienza

Le allergie possono insorgere a qualsiasi età. La mia si è manifestata nel periodo dello sviluppo, all'età di 14 anni.

Frequentavo il liceo e ogni giorno, durante il tragitto per andare a lezione, mi sentivo male: forte tachicardia, pallore, lacrimazione agli occhi, affanno e difficoltà a respirare.

Non riuscendo a individuare chiaramente i motivi del malessere, io e la mia famiglia abbiamo iniziato a pensare che a causare quelle crisi fosse qualcosa che mangiavo a colazione, all'epoca latte macchiato con caffè (o cacao) e cereali. Istintivamente abbiamo eliminato gli alimenti eccitanti, purtroppo senza alcun risultato. Così, in fine, ci siamo rivolti a un medico, che ha suggerito alcuni test allergologici.

Dai risultati dei test emerse l'intolleranza al lattosio (il 98% degli zuccheri presenti nel latte) e l'allergia alle proteine del latte (caseine, lattoglobuline e lattoalbumine), oltre che le intolleranze ai funghi e alle aragoste, svanite spontaneamente dopo un po' di tempo, semplicemente eliminando quegli alimenti per un lungo periodo.

Le difficoltà in famiglia non furono poche: l'alimentazione cambiò non solo in termini di alimenti acquistati, o di piatti realizzati, ma anche in termini di attenzione alla non contaminazione dei miei piatti.

Nel tempo mi sono abituata a leggere sempre le etichette alimentari e farmaceutiche (il lattosio è spesso presente nei farmaci come additivo), e non solamente durante l'acquisto di un prodotto nuovo. Questa buona abitudine è nata dalle conseguenti crisi allergiche causatemi da prodotti un tempo adatti al mio problema, ma che a seguito di variazioni nel processo di produzione industriale risultavano poi contenere gli allergeni o essere contaminati all'interno dello stabilimento: «Prodotto in uno stabilimento che utilizza latte, latte in polvere, siero di latte ecc.», oppure «Potrebbe contenere tracce di latte».

Non essendoci un manuale che potesse aiutare me e la mia famiglia ad adattarci a questo nuovo regime alimentare, né un libro di ricette che potesse guidarci nella realizzazione di piatti adeguati, abbiamo dovuto imparare da soli, e a volte anche a mie spese, quali fossero gli alimenti allergenici, e come creare piatti buoni ma sani.

Per mia sfortuna, la superficialità e l'ignoranza di tante persone sono state la causa principale di molte delle mie crisi allergiche, soprattutto andando a mangiare al ristorante, al bar o in pizzeria, pur spiegando subito quale fosse il mio problema alimentare. Purtroppo, spesso accadeva di essere presa poco seriamente; la gente pensava che fosse una questione di dieta finalizzata al dimagrimento, o che il problema fosse meno grave di quanto stessi raccontando (magari solo un piccolo prurito cutaneo), o che volessi semplicemente «essere alla moda». Alla fine, inevitabilmente, mi ritrovavo a dover correre all'ospedale in piena crisi allergica.

Il primo pensiero che assale una persona che scopre di essere allergica è quello di non poter mangiare più nulla: infatti il latte, le sue proteine e il lattosio sono presenti in moltissimi alimenti, anche in quelli più insospettabili, come ad esempio il dado, lo zucchero a velo confezionato, il gelato alla frutta, il salame, la mortadella, il prosciutto cotto o i würstel.

Ponendo un po' di attenzione, selezionando accuratamente gli alimenti e i luoghi dove andare a mangiare, per fortuna si può ovviare al problema. Sempre più spesso si trovano prodotti confezionati adatti, e commercianti e ristoratori realmente attenti alle problematiche alimentari dei loro clienti allergici e intolleranti, ormai facenti parte di una grande fetta di mercato.

Convivere in sicurezza e tranquillità con l'allergia

La prima regola che deve assolutamente imparare una persona allergica è leggere con molta attenzione le etichette dei prodotti, non limitandosi solo all'elenco degli ingredienti ma ponendo attenzione anche alle scritte più piccole, spesso poste nella parte bassa della confezione, in cui viene indicato in quale stabilimento è stato realizzato il prodotto, se in atmosfera protettiva o meno e se vengono utilizzati ingredienti allergenici oppure no.

Questo è molto importante per noi allergici perché se un alimento non contiene allergeni non per questo può essere adatto a noi, ovvero, se l'alimento non è stato realizzato in atmosfera protettiva, e se nello stabilimento vengono utilizzati latte in polvere o lattosio per realizzare altri prodotti, questo diventa automaticamente un alimento pericoloso, contaminato, potenzialmente causa di crisi allergica.

Le nuove norme industriali, più precisamente quelle stabilite nel 2003, obbligano le industrie ad applicare etichette il più dettagliate possibile, e spesso oggi le stesse case produttrici si preoccupano di essere a volte anche più preventive del necessario.

Per noi allergici questo è sicuramente un vantaggio: quando faremo un acquisto potremo essere sicuri di non mettere a rischio la nostra vita; meglio essere certi di non poter acquistare un determinato prodotto, piuttosto che avere il dubbio se esso sia idoneo o meno.

Inoltre, gli intolleranti al lattosio e gli allergici al latte, come gli allergici al glutine, sono sempre più numerosi, e questo sta facendo sì che le industrie stiano iniziando a occuparsi più seriamente di una grande fetta di mercato che prima ignoravano completamente nelle loro produzioni.

Senza considerare le produzioni industriali, ma semplicemente prendendo come esempio il panettiere vicino a casa, dovremo avere l'assoluta certezza che esso sia attento e oculato durante la preparazione di pane o pizza.

Personalmente ho avuto una crisi allergica causata da un pezzo di pizza bianca che non conteneva né latte né suoi derivati, ma che era stato contaminato dalle forbici con il quale era stata tagliata in precedenza una pizza con la mozzarella.

A causa di molte crisi avute non per mia ma per altrui disattenzione, ho iniziato a creare delle ricette che potessero aiutarmi in cucina a convivere con la mia allergia, fino ad arrivare a preparare il pane in casa, semplice, buono e sicuro.

La sensazione più brutta che si può provare durante una crisi allergica è la cosiddetta «fame d'aria»: quell'impressione che qualcuno ti stia stritolando e che i vestiti ti strizzino il corpo impedendoti di respirare. È una sensazione terribile e angosciante, che non auguro a nessuno.

Ho pensato di realizzare questo libro proprio per aiutare più persone possibili a convivere con una grave allergia alimentare o con un'intolleranza, ma anche semplicemente per suggerire qualche ricetta interessante a chi voglia fare una precisa scelta di vita anche in campo alimentare o per andare incontro a chi voglia seguire un regime alimentare sano e leggero, ma non per questo triste per il palato e monotono nei sapori.

Se siamo fuori casa, o anche all'estero, una soluzione che ho scoperto con mia grande gioia è quella di cercare ristoranti o negozi *kasher* (letteralmente, «adatto», e in questo caso «adatto alla consumazione»), che secondo i precetti della religione ebraica devono attenersi a leggi ferree di produzione e non contaminazione dei cibi.

Le leggi che regolano l'adeguatezza del cibo ebraico (*kasherut*) sono talmente tante e importanti che spesso è presente un sorvegliante detto *mashghiah*, che ha il compito di vegliare sul rispetto di queste norme, al fine di garantire al consumatore la sicurezza del cibo.

I tre aspetti che il cibo kasherut deve rispettare sono: la sua natura, la sua preparazione e particolari regole per i cibi di origine animale. La parola kasherut indica «le regole alimentari da seguire», ovvero l'idoneità di cibi e bevande che possono essere consumati secondo la Torah.

Sono considerati adatti solo gli animali sani, ruminanti e con lo zoccolo spaccato (bovini e ovini sì, maiali e cavalli no), macellati secondo il rituale dello *shechità* (taglio netto della giugulare, trachea ed esofago «con un coltello dalla lama il doppio del collo dell'animale»), dissanguati, sezionati e puliti totalmente del grasso e del nervo sciatico.

I pesci devono avere le pinne e le squame, quindi non sono ammessi i molluschi e i crostacei.

La carne e il latte e i suoi derivati non devono mai venire a contatto tra loro (poiché proibito: «mai cucinare il capretto nel latte di sua madre»). Per questo motivo, per evitare qualsiasi forma di contaminazione, gli ebrei ortodossi hanno di solito due frigoriferi nel quale li conservano separatamente, utilizzano stoviglie e pentole diverse e spugne separate per la pulizia. La loro precisione nel seguire queste regole alimentari fa sì che le persone allergiche o intolleranti possano mangiare tranquillamente cibi kasher, assolutamente privi di allergeni e certamente non contaminati.

Cercando nelle grandi città potrete sicuramente trovare negozi, fast food o ristoranti kasher, che sono un'ottima scelta in termini di sicurezza e bontà, oltre che un modo per scoprire un'antica cultura culinaria (e non).

I celiaci

L'altro grande gruppo di allergici è quello dei celiaci.

La celiachia è una malattia autoimmune dell'intestino tenue, che si verifica in individui di tutte le età, ed è causata da una reazione alla gliadina (proteina del glutine) la quale provoca una reazione infiammatoria che porta alla distruzione dei villi intestinali (responsabili dell'assorbimento delle sostanze nutritive) che rivestono l'intestino tenue.

Come per tutti gli allergici, l'unica soluzione è la totale eliminazione dell'allergene, il glutine.

Molte delle ricette che ho creato sono adatte anche a loro!

I vegani

Coloro che invece fanno una scelta etica di vita sono i vegani. Il termine «veganismo» indica una vera e propria filosofia di vita legata al rifiuto radicale di ogni forma di sfruttamento animale, dall'alimentazione all'abbigliamento.

Essere vegani significa scegliere di non partecipare allo sfruttamento e all'uccisione sistematica, intenzionale e non necessaria degli animali, significa rifiutare l'idea che l'uomo abbia il diritto di disporre liberamente della vita degli animali.

Per questo chi è vegano:

– non approva le attività di allevamento intensivo per l'alimentazione umana;

– non dà il proprio sostegno alla sperimentazione animale;

– indossa solo capi creati con fibre vegetali o sintetiche, evitando anche la lana, la seta e le piume d'oca;

– utilizza cosmetici e detergenti non testati su animali e che siano privi di ingredienti di origine animale;

– non acquistano prodotti realizzati con parti animali (come divani in pelle, pennelli di setole di maiale, ornamenti in osso e avorio).

Per quanto riguarda l'alimentazione, i vegani non mangiano qualsiasi alimento o ingrediente che sia di origine animale, come ad esempio il latte e i suoi derivati, le uova, la colla di pesce, o lo strutto.

Un complesso di scelte che influenzano sensibilmente la vita e le abitudini quotidiane di una persona vegana, ma ancor più l'alimentazione. Ho pensato quindi anche a loro, ideando diverse ricette che potessero essere adatte anche alla dieta vegana.

Alternative al latte vaccino

Il tuo cibo sia la tua medicina
e la tua medicina sia il tuo cibo.
Ippocrate (460-377 a.C.)

Siamo stati cresciuti con la convinzione che il latte sia un prodotto indispensabile per la nostra salute.

Da sempre persiste la convinzione che il latte sia utile per la crescita, lo sviluppo e l'equilibrio del nostro corpo, che sia un cibo completo e che per crescere sani bisogna consumarlo ogni giorno a partire dalla prima colazione.

Le stesse industrie casearie, o quelle che realizzano prodotti contenenti il latte, spendono ogni anno milioni di euro in pubblicità per mantenere questo stato di convinzione, facendo un vero e proprio lavaggio del cervello a ogni consumatore, in maniera più o meno consapevole, per pilotare le sue scelte al consumo.

La convinzione che mangiare cibi contenenti latte sia sano è talmente radicata in noi che non accettiamo nemmeno l'ipotesi che alcuni problemi o malattie possano derivare dal consumo di questo prodotto o di prodotti che lo contengono.

La scelta di consumare latte e latticini si sta rivelando sempre più sbagliata, fino a potersi definire dannosa per il nostro organismo.

Essendo un prodotto di origine animale, può facilmente contenere agenti infettivi che possono essere trasmessi all'uomo, come ad esempio la brucellosi, la listeriosi, la salmonellosi e la tubercolosi.

Inoltre, può subire contaminazioni di origine ambientale (ad esempio residui di pesticidi, diossine e tossine di origine fungina che l'animale ingerisce tramite l'alimentazione) o sofisticazioni, come l'aggiunta di sostanze azotate per elevare il contenuto proteico del latte.

In realtà il calcio contenuto naturalmente nelle verdure è molto più sano e di facile assorbimento rispetto a quello contenuto nel latte.

Il latte contiene ormoni e antibiotici che precedentemente sono stati somministrati alle mucche per aumentare in maniera esponenziale la loro produzione giornaliera, e questo può diffondere malattie infettive una volta che l'essere umano lo ingerisce.

Gli ormoni della crescita somministrati agli animali creano un aumento innaturale della crescita anche negli esseri umani, e sono inoltre una delle cause principali dell'incremento di neoplasie mammarie, che possono trasformarsi in tumori maligni.

Un altro terribile danno che il consumo di latte può provocare è il sovrappeso o addirittura l'obesità, in quanto ricco di grassi saturi e colesterolo.

Secondo gli studi del dottor Benjamin McLane Spock, uno dei padri della moderna pediatria, l'unico latte utile alla crescita dell'essere umano, l'unico batteriologicamente puro, che non viene sottoposto a trattamenti chimici di alcun tipo, che non è pastorizzato ed è ricco di vitamine e nutrienti, è quello materno, consigliato ai bambini fino all'età di 2 anni.

Dopo i 2 anni si dovrebbe evitare di consumare qualsiasi tipo di latte.

Ogni madre produce il latte adatto alla propria progenie: l'essere umano produce il latte adatto ai bambini, come la mucca produce il latte adatto al suo vitello e non agli esseri umani.

Il latte e i sui derivati sono prodotti messi in primo piano come cause di malattie di vario genere, quali allergie, flatulenza, stipsi, obesità, tumori, cardiopatie, malattie infettive e osteoporosi.

Il dottor Kurt J. Isselbacher – gastroenterologo, direttore del Massachussets General Hospital Cancer Center – ha eseguito una serie di studi su 25 mila campioni di sangue, dimostrando che i soggetti che consumano latte ne ricavano più problemi che benefici.

Una volta ingerito, il latte stimola la produzione di muco, che va a intasare gli intestini e con il tempo forma uno strato solido che non permette alle sostanze nutritive di essere assorbite e assimilate. I dati emersi dai suoi studi hanno dimostrato che gli esseri umani adulti che fanno uso abituale di latte non assorbono le sostanze nutrienti come invece accade nei soggetti che non lo consumano.

È vero, il latte è ricco di calcio, ma l'idea che esso sia utile alle nostre ossa è errata, anzi può addirittura innescare il processo inverso. Lo ha dimostrato il dottor William Ellis, a seguito di quarant'anni di studi sul latte.

Le persone che bevono latte o consumano latticini sono più soggette a osteoporosi rispetto alle persone che invece non ne consumano. Questo processo è dovuto alla *lisciviazione del calcio*: se il sangue viene acidificato dalle proteine, il corpo, per mantenere il sangue alcalino, preleva il bicarbonato di calcio dalle ossa utilizzandolo come tampone, e siccome il latte oltre al calcio è ricco anche di proteine, la sua assunzione determina la lisciviazione del calcio e quindi l'indebolimento delle ossa.

Le alternative vegetali al latte prodotto da mammiferi sono molte, dalla soia al riso, all'avena, alla mandorla, che oltre a essere molto buoni sono anche eccezionalmente ricchi di nutrienti.

L'*avena* è un cereale ricco di proprietà benefiche, fonte di carboidrati a lenta digestione – che quindi danno energia distribuita meglio nel tempo e non provocano picchi di insulina – è tollerata anche dai celiaci.

È un alimento nutritivo e rinforzante, per questo consigliato ai bambini e ai convalescenti. È ricco di zuccheri e potassio, fibre e vitamine E e B, ha un basso contenuto calorico e ha proprietà diuretiche e tonificanti.

È un cereale utile al fegato, all'intestino, all'apparato cardiocircolatorio e al sistema nervoso.

Il suo elevato contenuto di fibre garantisce il corretto funzionamento dell'intestino e aiuta la digestione, riduce sensibilmente il colesterolo con una conseguente diminuzione di sviluppo di malattie cardiache grazie al betaglucano (una fibra solubile), sostanza gellosa che intrappola nell'intestino il colesterolo e lo porta con sé durante la defecazione.

L'avena facilita la normalizzazione del peso in quanto ricca di proteine e acidi grassi essenziali che placano l'appetito e aiuta persino a prevenire i tumori grazie agli avenantramidi (composti fenolici azotati), antinfiammatori e inibitori di cellule tumorali.

Il latte di *riso* è il meno grasso tra tutti i tipi di latte vegetale, è ricco di zuccheri semplici, ha un minor contenuto proteico e lipidico, e contiene vitamine A, B e D, fibre e minerali.

Aiuta a regolarizzare l'intestino, e in particolare la mobilità del colon, è altamente digeribile grazie agli zuccheri semplici, che lo rendono anche una fonte di energia immediata, ed è completamente privo di colesterolo.

Il latte di *farro* ha un discreto livello proteico, contiene sali minerali e vitamine, ha un basso livello di zuccheri ed è una fonte di energia immediata.

Il latte di *soia* ha un alto valore proteico, contiene vitamina B1, ferro, pochi grassi, isoflavoni (che aiutano a ridurre il colesterolo) e ha proprietà antiossidanti prevenendo lo sviluppo di cellule tumorali.

Fin dai tempi antichi le mandorle erano considerate un alimento adatto alla pulizia intestinale, per le loro proprietà lassative e diuretiche. Il latte di *mandorla* è altamente energetico, contiene molta vitamina E e B, grassi insaturi (che limitano i rischi di problemi cardiocircolatori), antiossidanti e minerali e ha proprietà antidepressive e riequilibranti per l'umore.

Il latte di *miglio* è povero di colesterolo, ricco di proteine e povero di grassi (che aiuta persino a eliminare), contiene vitamina B, lecitina e minerali, ha un'azione riequilibrante per il sistema nervoso e favorisce la buona salute della pelle, delle unghie, dei capelli e dei denti. Inoltre previene i problemi cardiocircolatori, svolgendo un'azione protettiva per i vasi sanguigni.

Il latte di *noci* e *nocciole* è ricco di amminoacidi, vitamine A e B e sali minerali.

Sul mercato, purtroppo, i vari tipi di latte vegetale hanno ancora costi molto elevati rispetto al latte vaccino ma la speranza, per chi ne fa uso per necessità o per scelta, è che si arrivi a una maggiore considerazione verso coloro che consumano prodotti alternativi a quelli di largo e tradizionale uso, verso coloro che hanno maggior rispetto del proprio corpo, per necessità o per scelta etica, perché «siamo ciò che mangiamo», e dovrebbero cominciare a rendersene conto anche le grandi industrie alimentari.

A ogni modo, come potrete leggere sfogliando queste pagine, è possibile produrre in casa i vari tipi di latte vegetale, che va poi consumato nei 3/4 giorni successivi e conservato in frigorifero.

RICETTE

Antipasti

L'antipasto, gustoso e sfizioso, a base di pesce, verdure o salsine che lo rendono irresistibile, deve essere servito in piccole quantità poiché il suo compito è quello di stuzzicare l'appetito in attesa delle portate principali.

Bocconcini di pesce marinato

… un piatto che riporta alla mente profumi e sapori asiatici.

Ingredienti (per 4 persone)
✓ 500 g di filetti di merluzzo
✓ 6 limoni
✓ 2 spicchi di aglio
✓ 1 cipolla bianca
✓ 1 pizzico di paprika
✓ 1 pizzico di coriandolo
✓ lattuga
✓ sale
✓ ghiaccio

Procedimento
Pulite e spinate i filetti di pesce, spolverateli di sale e dopo 5 minuti sciacquateli velocemente sotto l'acqua corrente.
Asciugateli bene con carta assorbente e tagliateli a cubetti, quindi versateli in una terrina capiente con qualche cubetto di ghiaccio.
Togliete l'anima dagli spicchi di aglio e tritateli; pulite la cipolla e tritatela finemente. Unite quindi entrambi al pesce.

Spremete i limoni, filtratene il succo e versatelo sul pesce avendo cura di mescolare delicatamente per non rompere i cubetti. Lasciate riposare per 10 minuti.
Infine spolverate con un pizzico di sale, un pizzico di paprika e di coriandolo e servite la pietanza molto fredda, in piccole ciotole rivestite di foglie di lattuga.

Brioches salate

… la più celebre citazione sulla brioche è stata attribuita a Maria Antonietta che, a proposito del popolo affamato a causa dell'alto prezzo del pane, avrebbe esclamato: «Che mangino brioches!». L'aneddoto è ritenuto falso dagli storici. La frase è stata attribuita al potente di turno, per imputare ai governanti un'insensibilità ai bisogni del popolo.

Ingredienti (per 4 persone)
- ✓ 350 g di farina di soia
- ✓ 20 g di zucchero semolato
- ✓ 40 g di margarina vegetale (vedi ricetta a p. 167)
- ✓ 65 g di latte di soia (vedi ricetta a p. 187)
- ✓ 15 g di lievito di birra
- ✓ 1 bustina di vanillina
- ✓ la buccia grattugiata di 1 limone
- ✓ sale
- ✓ erba cipollina
- ✓ formaggio vegetale spalmabile (vedi ricetta a p. 179)

Cottura: in forno preriscaldato a 190° per 15 minuti.

Procedimento

Sciogliete il lievito in un goccio di acqua tiepida.

Sciogliete la margarina vegetale in un pentolino a fuoco basso.

Amalgamate bene tutti gli ingredienti (eccetto l'erba cipollina e il formaggio vegetale), fino a ottenere un impasto liscio. Quindi copritelo con uno strofinaccio umido e lasciatelo riposare fino a che non sarà lievitato il doppio del suo volume iniziale.

Con l'impasto formate delle piccole palline, appoggiatele su una teglia coperta da carta da forno e lasciatele riposare altri 30 minuti. Infine infornate.

Tritate finemente qualche filo di erba cipollina, aggiungete un po' di formaggio vegetale spalmabile, un pizzico di sale e mescolate il tutto.

Una volta cotte, lasciate raffreddare le palline, tagliatele a metà e farcitele con il formaggio spalmabile all'erba cipollina.

Cornetti salati alle verdure

… verdure fresche servite in maniera sfiziosa!

Ingredienti (per 4 persone)

✓ 500 g di farina di kamut
✓ 1 peperone giallo
✓ 1 melanzana lunga
✓ 10 pomodori secchi
✓ 1 patata
✓ 1 cipolla bianca
✓ 1 cucchiaino di lievito di birra
✓ 50 g di zucchero semolato
✓ 1 pizzico di sale
✓ 4 uova
✓ olio extravergine d'oliva
✓ origano
✓ salsa di soia
✓ 1 pizzico di menta essiccata
✓ 1 pizzico di zenzero in polvere
✓ acqua

Cottura: in forno preriscaldato a 180° per 25 minuti.

Procedimento

Mescolate la farina, il lievito, lo zucchero e il sale.

Sbattete insieme 2 uova intere e 2 tuorli, l'olio e 2 bicchieri di acqua; amalgamate insieme le due preparazioni fino a ottenere un impasto liscio ed elastico.

Mettete la pasta in un contenitore unto e lasciatela lievitare fino a quando avrà raddoppiato il suo volume.

Mondate le patate, le melanzane e i peperoni, tagliateli a dadini e cuoceteli a vapore per 30 minuti.

Tagliate i pomodori secchi a pezzi.

Mondate la cipolla e tagliatela a striscioline, rosolatela in olio e salsa di soia quindi aggiungete le altre verdure e i pomodori secchi, un po' di origano, menta e zenzero.

Stendete la pasta con l'aiuto di un mattarello e formate un cerchio che dividerete in otto spicchi. Mettete un po' di verdure in ogni spicchio e arrotolalo su se stesso formando dei piccoli cornetti.

Spennellate con un po' d'olio e un pizzico di sale e infornate.

Crostini di seitan

... il seitan è un alimento altamente proteico ricavato dal glutine del grano, ed è altamente digeribile.

Ingredienti (per 4 persone)
✓1 panetto di seitan
✓2 cucchiaini di capperi
✓1 mazzetto di salvia
✓1 dado vegetale (vedi ricetta a p. 157)
✓pane di kamut (vedi ricetta a p. 201)
✓sale
✓acqua

Procedimento
Scaldate 200 ml di acqua e una volta calda scioglietevi il dado vegetale.
Sciacquate i capperi, metteteli in un frullatore da cucina insieme alle foglie sminuzzate di salvia, al panetto di seitan e a un pizzico di sale e frullate finché non otterrete una crema densa.
Versate il composto in una pentola, unite 2 mestoli di brodo vegetale e portate a ebollizione.
Tagliate il pane a fette e fate tostare.
Infine spalmate le fette con il composto ancora caldo e poi lasciate raffreddare e servite.

Frittelle di zucchini

… gli antichi romani chiamavano le frittelle «frictilia». Ieri e oggi continuano a stuzzicare, sia dolci che salate!

Ingredienti (per 4 persone)

✓ 80 g di farina di ceci
✓ 2 zucchini
✓ 2 cucchiai di olio extravergine d'oliva
✓ 2 pizzichi di sale
✓ 10 foglie di basilico
✓ paprika
✓ acqua
✓ olio di soia
✓ senape (vedi ricetta a p. 173)

Procedimento

Stemperate la farina di ceci con 100 ml di acqua e lasciatela riposare 1 ora.

Tritate grossolanamente le foglie di basilico.

Grattugiate gli zucchini, aggiungeteli alla pastella di ceci insieme a 2 pizzichi di sale, 2 cucchiai di olio, il basilico tritato e mescolate bene.

Scaldate l'olio in un pentolino non troppo grande, dal bordo alto: quando sarà ben caldo versate la pastella a cucchiaiate, quindi adagiate le frittelle su carta assorbente da cucina, spolveratele con un pizzico di sale e paprika e servitele ben calde accompagnate da senape.

Insalata russa vegetale

... conosciuta nella tradizione russa come «insalata moscovita» o «insalata Olivier» è di probabile origine francese. La ricetta originale prevedeva ostriche, caviale e gamberetti mescolati in salsa maionese. Era un piatto per ricchi divenuto popolare, in una variante più economica (di verdure), durante il periodo della dittatura comunista.

Ingredienti (per 4 persone)
✓ 2 carote
✓ 2 patate
✓ 200 g di piselli
✓ 100 ml di latte di soia (vedi ricetta a p. 187)
✓ 100 ml di olio di soia
✓ maionese di riso (vedi ricetta a p. 165)

Procedimento
Mondate le patate e le carote, tagliatele a dadini e cuocetele a vapore.
Mettete i piselli in un pentolino con un filo d'olio, un pizzico di sale e copriteli di acqua, mescolando ogni tanto; quando l'acqua si sarà completamente asciugata, i piselli saranno cotti.

Mettete tutte le verdure e i piselli in un recipiente grande, quindi aggiungete la maionese di riso, amalgamate delicatamente e mettete in frigorifero a raffreddare.

Knish di cavolo e patate

... un trucchetto per rendere il cavolo un ingrediente più invitante.

Ingredienti (per 4 persone)
- ✓ 200 g di farina di soia
- ✓ 2 cucchiai di farina di mais
- ✓ 150 g di patate
- ✓ ½ cavolo verza
- ✓ 1 cipolla dorata
- ✓ 1 cucchiaino di lievito di birra
- ✓ 3 uova
- ✓ 2 pizzichi di sale
- ✓ 1 pizzico di pepe nero
- ✓ olio extravergine d'oliva
- ✓ acqua

Cottura: in forno preriscaldato a 180° per 45 minuti.

Procedimento
Mondate le patate e tagliatele a cubetti; tagliate il cavolo verza a strisce e cuocete entrambi a vapore per 30 minuti.
Una volta cotti, schiacciate le patate con uno schiacciapatate o una forchetta.

Sbattete 1 uovo con un pizzico di sale e di pepe.
Mondate e tagliate finemente la cipolla, cuocetela a fuoco medio in una padella con 2 bicchieri di acqua fino a quando l'acqua si sarà asciugata e la cipolla appassita. Quindi aggiungete le patate e la verza, un filo d'olio, l'uovo sbattuto e 2 cucchiai di farina di mais e amalgamate bene.
Versate la farina in una terrina capiente, insieme al lievito, a un filo d'olio, 1 uovo, un pizzico di sale e un bicchiere di acqua, impastando bene fino a ottenere una pasta liscia ed elastica, quindi spianatela con l'aiuto di un mattarello e formate un rettangolo.
Distribuite il ripieno su tutta la lunghezza del rettangolo di pasta, dandogli la forma di un salsicciotto, quindi arrotolate la pasta sul ripieno, tagliate a rondelle alte circa 2 cm e pizzicate con le dita le due estremità per sigillare.
Sbattete l'uovo rimasto, mettete i fagottini su una teglia rivestita di carta forno, spennellate con l'uovo sbattuto e infornate.

Melanzane al forno

... frutto originario dell'India, la radice del suo nome è «mela», precisamente «mela non sana», perché non commestibile da cruda.

Ingredienti (per 4 persone)
- ✓ 1 melanzana tonda
- ✓ 50 g di tofu
- ✓ 2 pomodori da insalata
- ✓ 1 mozzarella vegetale (vedi ricetta a p. 181)
- ✓ olio extravergine d'oliva
- ✓ origano
- ✓ sale

Cottura: in forno preriscaldato a 180° per 10 minuti.

Procedimento
Mondate la melanzana e tagliatela a dischi spessi, che griglierete su una bistecchiera di ghisa ben calda.
Mondate i pomodori e tagliateli a fette, poi fate lo stesso con il tofu e la mozzarella vegetale.
Impilate, alternando una fetta di melanzana a una di pomodoro e una di tofu, e infine a una di mozzarella vegetale. Qui aggiungete un pizzico di sale, un filo d'olio e un po' di origano, quindi infornate.

Pâté di piselli

… adatto a tutti, ideale per gli stuzzichini, e colorato!

Ingredienti (per 4 persone)

✓ 200 g di piselli
✓ 1 cipolla bianca
✓ 1 scalogno
✓ 1 spicchio di aglio
✓ 10 foglie di basilico
✓ sale
✓ pepe
✓ olio extravergine d'oliva
✓ pane pita (vedi ricetta a p. 203) o pane per celiaci

Procedimento

Mondate la cipolla, lo scalogno, l'aglio e tritateli.
In un tegame versate un filo d'olio e soffriggete la cipolla, lo scalogno e l'aglio, quindi unite i piselli, un bicchiere di acqua e un pizzico di sale e di pepe.
Quando i piselli saranno cotti versateli in un frullatore insieme alle foglie di basilico, quindi aggiungete un filo d'olio e ricominciate a frullare.

Trasferite il pâté in una ciotola e lasciatelo raffreddare.
Servite insieme a strisce di pane pita tostato o a fette di pane tostato per celiaci.

Pâté di tonno

... ogni volta che sento la parola pâté mi viene in mente lo slogan di una pubblicità: «Voulez vous pâtè avec moi?!».

Ingredienti (per 4 persone)

✓ 400 g di patate
✓ 1 scatoletta di tonno sott'olio
✓ 150 g di maionese di riso (vedi ricetta a p. 165)
✓ 1 spruzzata di pomodoro concentrato
✓ 1 cucchiaino di capperi
✓ 1 uovo
✓ sale
✓ grissini al sesamo (vedi ricetta a p. 199) o grissini per celiaci

Procedimento

Lessate le patate in acqua salata e una volta che saranno cotte fatele a pezzetti e frullatele in un robot da cucina.
Sgocciolate il tonno e aggiungetelo alle patate frullate, quindi mixate insieme; poi aggiungete la maionese di riso, il sale, il tuorlo dell'uovo, i capperi e il pomodoro concentrato, e frullate fino a ottenere una consistenza omogenea e densa.
Servite il pâté accompagnandolo con grissini al sesamo o per celiaci.

Polpettine di cereali con besciamella al curry

... piccole e deliziose, con un tocco d'Oriente.

Ingredienti (per 4 persone)
✓70 g di riso
✓70 g di farro
✓70 g di orzo
✓70 g di grano
✓1 cipolla bianca
✓1 carota
✓4 cucchiai di farina di kamut
✓50 g di margarina vegetale (vedi ricetta a p. 167)
✓250 ml di latte di avena (vedi ricetta a p. 188)
✓curry
✓sale
✓pepe
✓olio extravergine d'oliva

Cottura: in forno preriscaldato a 180° per 20 minuti.

Procedimento
Tritate finemente la cipolla, la salvia e il prezzemolo.
Fate bollire i cereali in abbondante acqua salata.

Mondate la cipolla, tritatela finemente e mettetela in un pentolino con la carota, un filo d'olio e 1 bicchiere di acqua.
Una volta cotti, frullate i cereali e le verdure, e regolate la compattezza dell'impasto con un po' di farina di kamut.
Formate con le mani delle piccole polpettine.
Disponetele su una teglia foderata di carta da forno, spennellate con un filo d'olio e infornate.
Preparate la besciamella scaldando il latte di avena e, mescolando continuamente, aggiungete poco per volta 4 cucchiai di farina di kamut, un pizzico di sale e un'abbondante spolverata di curry.
Infine, mettete le polpettine in un vassoio e copritele con la besciamella.

Polpettine di seitan e miglio

... servitele appena sfornate, ancora fumanti! Nessuno potrà resistere al loro profumo.

Ingredienti (per 4 persone)

✓ 1 tazza di miglio
✓ 2 tazze di acqua
✓ ½ panetto di seitan
✓ ½ cipolla dorata
✓ 1 carota
✓ 1 zucchino
✓ ½ dado vegetale (vedi ricetta a p. 157)
✓ coriandolo in polvere
✓ prezzemolo
✓ salvia
✓ olio extravergine d'oliva
✓ farina di mais
✓ tamari

Cottura: in forno preriscaldato a 180° per 20 minuti.

Procedimento

Tritate finemente la cipolla, la salvia e il prezzemolo.

In una pentola mettete un filo d'olio e soffriggete il trito precedentemente preparato con una spolverata di coriandolo.

Tritate la carota e lo zucchino, e aggiungeteli al soffritto con il miglio, l'acqua, un pizzico di sale e il dado vegetale.

Portate a ebollizione e cuocete con il coperchio a fiamma bassa per 15-20 minuti.

Una volta cotto il tutto, condite con una spruzzata di tamari e lasciate raffreddare.

Tritate il seitan, unite le spezie e le verdure e condite con un filo d'olio e tamari.

Infine impastate il composto e realizzate delle palline grandi come noci. Passatele nella farina di mais e infornatele.

Salatini

... sono sfiziosi e stuzzicano l'appetito. Irresistibili!

Ingredienti (per 4 persone)
✓ 75 g di farina bianca di mais
✓ 75 g di farina di riso
✓ 50 g di olio di girasole
✓ ½ cucchiaino di sale
✓ origano
✓ paprika
✓ salsa di soia
✓ semi di papavero
✓ curry

Cottura: in forno preriscaldato a 180° per 10 minuti.

Procedimento
Mescolate le farine con il sale e l'olio, aggiungete un po' di acqua e impastate fino a ottenere un composto elastico.
Avvolgete l'impasto nella pellicola da cucina e lasciatelo riposare in frigorifero per 30 minuti.
Stendete l'impasto su carta da forno, in modo che lo spessore sia molto sottile (circa 2 mm), e realizzate dei piccoli qua-

dratini con l'aiuto di una rondella per pizza o di un coltello. Cospargete alcuni con un pizzico di sale, altri spennellateli con la salsa di soia, altri spolverateli con l'origano, altri con la paprika, altri con i semi di papavero e infine con il curry. Spostate la carta da forno su una teglia e infornate.

Verdure al cumino

... il cumino, un piccolo seme con grandi proprietà benefiche: utile in caso di diabete, nella riduzione del colesterolo e dei trigliceridi, per il miglioramento della risposta immunitaria e nel contrastare l'osteoporosi, con un elevato contenuto di antiossidanti, aiuta la disintossicazione naturale dell'organismo insieme ad altre spezie come zenzero, cannella, semi di finocchio, curcuma e pepe nero. Inoltre aiuta l'organismo nell'assorbimento degli elementi nutritivi, migliora la digestione e stimola le difese immunitarie.

Ingredienti (per 4 persone)

✓ 1 cucchiaino di semi di cumino
✓ 1 cucchiaino di prezzemolo tritato
✓ curry
✓ 2 noci
✓ 100 g di ceci lessati
✓ 2 patate
✓ 2 zucchini
✓ olio extravergine d'oliva
✓ sale
✓ pepe nero

Procedimento

Mettete i ceci in ammollo in acqua per una notte.

Il giorno dopo, scolate i ceci, sciacquateli sotto l'acqua corrente e metteteli in pentola a pressione con tanta acqua da coprirli di almeno un dito. Una volta che la pentola è entrata in pressione, abbassate la fiamma al minimo e cuoceteli per 40 minuti.

Mondate le patate e gli zucchini e tagliateli a metà nel verso della lunghezza, quindi cuocete a vapore. Una volta cotti svuotate gli zucchini e scavate un poco anche le patate, formando delle barchette.

Con l'aiuto di un trita spezie polverizzate i semi di cumino insieme al curry e al prezzemolo, aggiungete un pizzico di sale, un pizzico di pepe, le noci, i ceci e un filo d'olio, fino a ottenere un pâté.

Riempite le verdure con il pâté e servite.

Zuppetta di miso

... detta anche «elisir di lunga vita», tipica della cultura giapponese e considerata un cardine della cucina macrobiotica. La sua struttura di base deve essere sempre composta da una verdura lunga (come la carota), una verdura tonda (come la cipolla), foglie verdi (come quelle della verza), miso (fermentato di soia, ricco di enzimi fondamentali per l'equilibrio dell'intestino e vitamine), alga wakame (protegge il tratto digerente ed è ricca di vitamine, stimola il metabolismo e la disintossicazione, favorendo l'eliminazione di grassi, tossine, scorie) e aromi a piacere (come zenzero o prezzemolo). È la migliore alleata per combattere gli effetti dell'inquinamento, dello stress e degli eccessi alimentari, riequilibra le nostre energie alla fine della giornata, aiutandoci a ritrovare l'equilibrio.

Ingredienti (per 4 persone)

- ✓ 2 cipolle bianche
- ✓ 2 carote
- ✓ 4 foglie di broccolo oppure di insalata o di cavolo
- ✓ 8 cm di alga wakame
- ✓ 6 tazze di acqua
- ✓ 2 cucchiai di miso
- ✓ erba cipollina

Procedimento

Mettete in ammollo l'alga wakame per 10 minuti, poi tagliatela a striscioline.

Mondate e tagliate le verdure a fettine sottili.

Tritate l'erba cipollina.

Portate l'acqua a ebollizione, versatevi le verdure e l'alga, poi cuocete con il coperchio per 5-10 minuti.

Sciogliete il miso con un po' di acqua di cottura e aggiungetelo alla zuppa. Mescolate e spegnete a cottura ultimata.

Infine aggiungete un pizzico di erba cipollina.

Zuppetta di moscardini

... nata dall'incontro di un gruppo di donne in un piccolo paese di mare toscano.

Ingredienti (per 4 persone)

✓400 g di moscardini
✓1 cipolla dorata
✓5 g di pomodoro concentrato
✓1 patata
✓1 pizzico di sale
✓1 pizzico di pepe bianco
✓1 mazzetto di prezzemolo
✓2 bicchieri di acqua
✓1 bicchiere di vino prosecco
✓olio extravergine d'oliva

Procedimento

Pulite i moscardini e tagliateli a metà, per il verso della loro lunghezza.

Mondate e tritate la cipolla, mettetela in pentola a pressione, senza coperchio, e cuocetela a fuoco lento, con 1 bicchiere di acqua. Quando l'acqua si sarà asciugata, aggiungete i moscardini, quindi sfumateli con il vino a fuoco vivace.

Mondate e tagliate a dadini la patata e aggiungetela nella pentola a pressione insieme a 1 bicchiere di acqua, al pomodoro concentrato, al sale e al pepe, chiudete la pentola a pressione e una volta entrata in pressione abbassate il fuoco al minimo facendo cuocere per 10 minuti.
Tritate il prezzemolo grossolanamente.
Una volta cotto il tutto, aggiungete un filo d'olio a crudo, servite caldo in piccole ciotole con pane tostato (per celiaci) e guarnite con il prezzemolo tritato.

Primi

Una pasta, un risotto, una lasagna possono ritornare a essere un piacere sulle nostre tavole, equilibrando le sostanze di cui abbiamo bisogno ogni giorno con l'aspetto altrettanto importante di ogni piatto: il sapore!

Anche i primi possono rivelarsi un osso duro da superare a causa di un'allergia o di una dieta vegana perché spesso il formaggio o il burro vengono usati per mantecare i piatti e aggiungere sapore. Ma eliminando questo passaggio il gusto del nostro piatto non ne risentirà, donando comunque una nota speciale ai sapori e rimanendo più leggero e digeribile.

Bulgur con verdure

… è un alimento costituito da frumento integrale, grano duro germogliato, che subisce un particolare processo di lavorazione. I chicchi di frumento vengono cotti a vapore e fatti seccare, poi vengono macinati e ridotti in piccoli pezzetti.
Io me ne sono innamorata in un viaggio in Turchia e non ho potuto esimermi dal realizzarne una mia personale versione.

Ingredienti (per 4 persone)
✓2 bicchieri di bulgur
✓3 patate
✓1 cavolo romano
✓ 2 peperoni rossi
✓salsa di soia
✓olio extravergine d'oliva
✓sale
✓acqua

Procedimento
Cuocete i peperoni al forno per 30 minuti, lasciateli raffreddare, poi spellateli e tagliateli a pezzetti.
Mondate le patate, tagliatele a piccoli dadini e cuocetele a vapore per 25 minuti.

Tagliate il cavolo a ciuffi e cuocetelo per 15 minuti, anch'esso a vapore.
In una padella mettete tutte le verdure, un filo d'olio, un pizzico di sale e una spruzzata di salsa di soia, e fate rosolare per 5 minuti.
Cuocete il bulgur in pentola a pressione con 5 bicchieri di acqua per 10 minuti.
Infine disponete il bulgur nel piatto con accanto le verdure e servite ben caldo.

Fusilli con gamberetti e curry

... sapori d'Oriente con la mia pasta preferita! Un piatto semplice da realizzare, ma che dà grandi soddisfazioni a tavola.

Ingredienti (per 4 persone)

✓ 350 g di fusilli di mais e riso
✓ 100 g di pomodorini pachino
✓ 150 g di gamberi
✓ 1 zucchino
✓ 1 spicchio di aglio
✓ 1 mazzetto di prezzemolo
✓ curry
✓ panna di soia
✓ sale
✓ pepe bianco
✓ olio extravergine d'oliva

Procedimento

Cuocete i fusilli in abbondante acqua salata.
Sbucciate i gamberi.
Tritate il prezzemolo grossolanamente.
Mondate e tagliate gli zucchini a dadini e i pomodorini a metà.

Togliete l'anima dall'aglio, schiacciatelo e rosolatelo in una padella con un filo d'olio e un pizzico di sale e di pepe, aggiungete gli zucchini, i pomodorini e i gamberi.
Cuocete per 5 minuti, quindi aggiungete un'abbondante spolverata di curry e una spruzzata di panna, e cuocete a fuoco moderato per altri 5 minuti. Scolate la pasta e conditela con il sugo.
Infine guarnite con il prezzemolo.

Fusilli mediterranei

... se si ha voglia di pasta, ma non si vogliono o non si possono mangiare fusilli di grano, quelli di riso sono buonissimi!

Ingredienti (per 4 persone)
✓ 350 g di fusilli di riso
✓ 2 zucchini
✓ 2 scalogni
✓ 2 cucchiai di shoyu (salsa di soia delicata)
✓ 4 cucchiai di olive taggiasche
✓ 6 foglie di basilico
✓ 6 foglie di menta
✓ olio extravergine d'oliva
✓ sale

Procedimento
Mondate gli scalogni e tritateli finemente, poi fateli rosolare con un filo d'olio, un pizzico di sale e 1 bicchiere di acqua.
Mondate gli zucchini e tagliateli a cubetti.
Quando gli scalogni sono appassiti, aggiungete gli zucchini e la shoyu, e lasciate cuocere 5 minuti; nel frattempo mettete a bollire la pasta.

Togliete dalla padella circa metà degli zucchini e frullateli con le foglie di basilico e le foglie di menta. Trasferite tutto in padella e aggiungete le olive, quindi scolate la pasta e fatela saltare in padella qualche minuto.

Gnocchi alla crema di noci

... da piccola non amavo i piatti troppo elaborati o dai sapori particolari. Quando poi sono diventata allergica mi sono accorta che qualcuno di questi piatti poteva essere interessante.

Ingredienti (per 4 persone)
✓ 500 g di patate gialle
✓ 1 uovo
✓ 250 g di farina
✓ 20 noci
✓ 1 spruzzata di panna di soia
✓ 1 spicchio di aglio
✓ sale
✓ pepe nero
✓ olio extravergine d'oliva

Procedimento
Lessate le patate in abbondante acqua salata per 15 minuti, spellatele e schiacciatele ancora calde con lo schiacciapatate. Fatene una montagnola con un buco in mezzo nel quale mettere l'uovo, una goccia d'olio e due pizzichi di sale, poi incorporate poco per volta la farina fino a ottenere un impasto omogeneo e modellabile.

Realizzate con l'impasto dei «grissini», tagliateli a dadini e infarinateli per non farli attaccare tra loro.
Togliete l'anima dall'aglio e schiacciatelo.
Tritate finemente le noci, mettetele in una padella e tostatele leggermente. Quando saranno dorate aggiungete l'aglio, un filo d'olio, un pizzico di sale e di pepe, e rosolate per qualche minuto.
Cuocete gli gnocchi in abbondante acqua salata, appena verranno a galla scolateli con l'aiuto di una schiumarola e versateli nella padella.
Cospargete il tutto con la panna di soia, saltateli qualche minuto e servite.

Gnocchi di cous cous con vellutata di porri

... sorprendentemente buoni!

Ingredienti (per 4 persone)
✓ 400 g di cous cous
✓ 1 l di acqua
✓ 4 porri
✓ 3 carote
✓ farina di riso
✓ olio extravergine d'oliva
✓ salsa di soia
✓ sale

Procedimento
Per preparare il cous cous, mettete a bollire 500 ml di acqua con un pizzico di sale, quindi versate il cous cous, mescolate e cuocete per 2 minuti. Spegnete il fuoco e mescolate bene con una forchetta, schiacciando un poco i grani del cous cous. Lasciate riposare per 10 minuti.
Mondate le carote e grattugiatele.
Per preparare il condimento, affettate il porro a fettine sottili e rosolatelo in padella con un filo d'olio e una spruzzata di salsa di soia. Quindi aggiungete le carote tritate, un goccio di

acqua e lasciate coperto per 10 minuti. Una volta che il cous cous si sarà intiepidito rivoltatelo su un piano di lavoro e lavoratelo con le mani fino a ottenere un impasto liscio.
Formate con l'impasto dei «grissini» e tagliateli a rondelline ottenendo così gli gnocchetti, quindi spolverateli con farina di riso.
Frullate il porro e le carote in modo da ottenere una vellutata. Con l'aiuto di una schiumarola trasferite gli gnocchi in padella insieme alla crema di verdure, aggiungete un goccio di acqua di cottura e fateli saltare qualche minuto.

Lasagne verdi

… mia nonna Valeria ne preparava di squisite, avevano un profumo che riempiva il naso e il cuore, un sapore unico e inconfondibile… sarebbe fiera di questo piatto!

Ingredienti (per 4 persone)
- ✓ 500 g di sfoglia verde
- ✓ 1 gambo di sedano
- ✓ 1 carota
- ✓ 1 cipolla
- ✓ 1 manciata di funghi secchi
- ✓ 200 g di carne macinata di maiale
- ✓ 200 g di carne macinata di vitello
- ✓ pomodoro concentrato
- ✓ 1 bicchiere di vino rosso
- ✓ 1 dado vegetale (vedi ricetta a p. 157)
- ✓ 4 cucchiai di farina
- ✓ 250 ml di latte di soia
- ✓ sale
- ✓ noce moscata
- ✓ olio extravergine d'oliva

Cottura: in forno preriscaldato a 250° per 50 minuti.

Procedimento

Mettete i funghi in ammollo per tutta la notte.

Per preparare il ragù, tritate finemente il sedano, la carota, la cipolla e i funghi, fateli rosolare in una pentola (preferibilmente di terracotta) con un filo d'olio. Aggiungete i due tipi di carne e fate rosolare fino a quando si sarà asciugata la loro acqua, quindi versate 1 bicchiere di vino e fatelo sfumare a fuoco vivace. Infine aggiungete una spruzzata di pomodoro concentrato e il dado vegetale, facendo cuocere il ragù a fuoco basso per circa 2 ore.

Per preparare la besciamella, mettete il latte di soia in una pentola, scaldatelo, aggiungete a neve la farina e mescolate con una frusta. Senza smettere mai di mescolare, aggiungete 2 pizzichi di sale e un'abbondante spolverata di noce moscata, fino a quando avrà raggiunto una consistenza densa e liscia.

Lessate la sfoglia in abbondante acqua salata, scolatela e asciugatela bene.

Versate un poco di ragù e di besciamella sul fondo della teglia da forno, adagiateci sopra una sfoglia di lasagna e continuate a creare gli strati con besciamella, ragù e sfoglia.

Infornate e una volta cotta lasciatela riposare nel forno spento per 15 minuti prima di servire.

Linguine al pesto di broccoli

… a volte capita di avere voglia di qualcosa che non abbiamo in frigo o in dispensa. Beh, io avevo voglia di pesto, ma non avevo il basilico, così ho pensato a un'amica crudista e ho creato questo pesto leggero e particolare.

Ingredienti (per 4 persone)
✓ 350 g di linguine di mais
✓ 1 broccolo
✓ 4 foglie di salvia
✓ 1 limone
✓ 10 mandorle spellate
✓ 15 g pinoli
✓ 1 spicchio di aglio
✓ olio extravergine d'oliva
✓ sale
✓ pepe nero
✓ 1 grattata di formaggio di patate (vedi ricetta a p. 177)

Procedimento
Lessate le linguine in abbondante acqua salata.
Tagliate il broccolo a ciuffi e mettetelo in una terrina con il succo di limone e 2 cucchiai di acqua per 15 minuti.

Mettete il broccolo con il succo in un frullatore insieme alle mandorle, ai pinoli e alle foglie di salvia, e mixate il tutto.
Schiacciate lo spicchio di aglio e unitelo al composto insieme a un filo d'olio, un pizzico di sale e di pepe.
Scolate la pasta, condite con il pesto e cospargete con una grattata di formaggio di patate.

Miglio con fagiolini e pomodorini

... il miglio è uno dei cereali considerati minori, anche se ha molte proprietà nutrizionali. I macrobiotici lo sanno bene e lo usano abitualmente nelle loro preparazioni.
In dialetto viene anche chiamato «Vulpicoca» per le particolari infiorescenze della pianta che ricordano molto la coda di una volpe.

Ingredienti (per 4 persone)
✓ 2 bicchieri di miglio
✓ 200 g di fagiolini
✓ 20 pomodori ciliegini
✓ 1 limone
✓ origano
✓ olio extravergine d'oliva
✓ sale

Procedimento
Lessate il miglio in 500 ml di acqua salata per 20 minuti.
Spuntate i fagiolini, tagliateli in 2 o 3 parti e cuoceteli a vapore per 10 minuti.
Dividete i pomodorini in quarti e uniteli in una terrina ai fagiolini, quindi condite il tutto con un filo d'olio, un pizzico di sale, una spolverata di origano e il succo del limone, me-

scolate bene e lasciate riposare per 5 minuti. Infine aggiungeteli al miglio, mescolate bene e servite.

Noodles con verdure

... «ramen» in giapponese, «noodles» in inglese, creati in Cina più di 4000 anni fa sono diventati talmente famosi nel mondo che a New York, Londra e Parigi fioriscono i noodles-bar. E oltre al successo planetario sono andati persino nello spazio, oltre che in un museo!

Ingredienti (per 4 persone)

✓ 350 g di noodles di riso
✓ 2 porri
✓ 4 carote
✓ 8 foglie di verza
✓ 2 manciate di germogli di soia
✓ tamari
✓ curry
✓ zenzero
✓ limone
✓ olio extravergine d'oliva
✓ sale
✓ erba cipollina

Procedimento

Mondate i porri e le carote, tagliateli a striscioline sottili.

Tagliate a striscioline sottili anche la verza.

Tritate qualche filo di erba cipollina.

Fate saltare in padella le carote con un filo d'olio, un pizzico di sale e una spolverata di curry. Dopo 5 minuti aggiungete il porro, la verza, i germogli di soia, una spruzzata di tamari, e lasciate cuocere per altri 5 minuti. Passato il tempo di cottura, aggiungete una spolverata di zenzero, il succo di ½ limone e l'erba cipollina.

Aggiungete 1 bicchiere di acqua calda e i noodles, fateli saltare con le verdure fino a quando l'acqua non si sarà asciugata e i noodles saranno cotti.

Penne con zucchini e gomasio

... gli zucchini: un frutto straordinario! Hanno pochissime calorie e sono composti per il 95% di acqua. Contengono molte vitamine (A, C) e carotenoidi, che apportano una consistente azione antitumorale, utili per astenie, infiammazioni urinarie, insufficienze renali, dispepsie, enteriti, dissenteria, stipsi, affezioni cardiache e diabete. Fin dall'Antichità venivano utilizzati per favorire il sonno, rilassare la mente, ed erano particolarmente indicati per chi si sentiva spossato. Favoriscono l'abbronzatura e combattono l'invecchiamento della pelle. Che altro?! I suoi semi sono di grande aiuto nella cura delle infiammazioni della prostata.

Ingredienti (per 4 persone)

✓ 350 g di penne senza glutine
✓ 1 panetto di tofu
✓ 4 zucchini
✓ ½ cucchiaino di curcuma
✓ aceto di mele
✓ olio extravergine d'oliva
✓ gomasio (vedi ricetta a p. 159)
✓ sale

Procedimento

Mondate e tagliate le zucchine a julienne.

In un tegame, scaldate l'olio e soffriggete gli zucchini lasciandoli al dente. Poi tenetene da parte qualcuno per decorare il piatto.

Sbollentate il tofu un paio di minuti in un pentolino di acqua con 1 cucchiaio di aceto, poi scolatelo e tritatelo grossolanamente. Mettetelo in un frullatore, aggiungete gli zucchini, la curcuma, un pizzico di sale e frullate il tutto fino a raggiungere una consistenza cremosa, versando poco alla volta dell'acqua calda.

Nel frattempo, cuocete le penne, scolatele e conditele con la salsa di zucchini.

Impiattate decorando con gli zucchini tenuti da parte e con 1 cucchiaino di gomasio.

Riso raffinato al salmone

... in Italia nel 2007 sono stati consumate circa 450 tonnellate di salmone affumicato.
Solitamente si mangia sui crostini di pane, ma questo piatto è la prova che la fantasia in cucina non ha limiti.

Ingredienti (per 4 persone)
✓ 2 bicchieri di riso Roma
✓ 1 dado vegetale (vedi ricetta a p. 157)
✓ ½ cipolla bianca
✓ 200 g di salmone affumicato
✓ 100 g di panna di soia
✓ pepe nero
✓ olio extravergine d'oliva
✓ acqua

Procedimento
Fate sciogliere il dado in 400 ml di acqua, e cuocete il riso per 20 minuti.
Tagliate il salmone a pezzetti.
Tritate la cipolla e fatela appassire in una padella con 1 bicchiere di acqua. Aggiungete un filo d'olio e il salmone, e fatelo rosolare qualche minuto, quindi amalgamate il tutto con

la panna, un pizzico di pepe e fate cuocere per altri 2 minuti. Infine unite il riso e servite.

Spaghetti di riso con scampi

... vivendo in un paese di mare gli scampi sono diventati il mio crostaceo preferito, e questo piatto è la mia rivisitazione per un pranzo leggero.

Ingredienti (per 4 persone)

✓ 4 nidi di spaghetti di riso
✓ 300 g di scampi
✓ 1 spicchio di aglio
✓ vino bianco
✓ 50 g di pinoli
✓ 125 g di panna di soia
✓ 1 limone
✓ olio extravergine d'oliva
✓ sale
✓ pepe nero

Procedimento

Pulite gli scampi.
Togliete l'anima dallo spicchio di aglio e tritatelo finemente. Fatelo rosolare in padella con un filo d'olio, aggiungete gli scampi, i pinoli e fate rosolare qualche minuto. Poi aggiungete la scorza del limone, 1 bicchiere di vino, un pizzico di

sale e di pepe, e fate sfumare il vino a fuoco vivace. Quando il vino si sarà consumato, aggiungete 1 abbondante bicchiere di acqua e unite gli spaghetti. Appena saranno cotti aggiungete la panna di soia e servite immediatamente.

Spaghetti di riso con verdure e funghi

... un piatto leggero dai sapori delicati.

Ingredienti (per 4 persone)
- ✓ 4 nidi di spaghetti di riso
- ✓ 2 carote
- ✓ 2 zucchini
- ✓ 2 cipolle dorate
- ✓ 150 g di funghi champignon
- ✓ 100 g di tofu
- ✓ 1 dado vegetale (vedi ricetta a p. 157)
- ✓ sale
- ✓ pepe
- ✓ olio extravergine d'oliva
- ✓ salsa di soia

Procedimento

Mondate e tagliate i funghi a striscioline sottili.

Preparate il brodo con 500 ml di acqua e il dado vegetale; una volta pronto aggiungetevi i funghi.

Tagliate le cipolle a dadini e fatele appassire in padella con un filo d'olio e 1 bicchiere di acqua.

Tagliate le carote e gli zucchini a julienne e unite alle cipolle, aggiungendo un pizzico di sale e di pepe. Fate cuocere con un coperchio per circa 10 minuti.
Tagliate il tofu a dadini.
Aggiungete 1 abbondante bicchiere di acqua e versatevi gli spaghetti di riso, lasciandoli cuocere qualche minuto.
Versate gli spaghetti in ciotole, copriteli con il brodo e aggiungete qualche dadino di tofu.

Torta salata di riso

... la culla della civiltà del riso è l'Asia, ma se ne fa un grande uso anche in Italia, dove si coltivano più di cinquanta varietà di riso. Tra le molte proprietà il riso aiuta a eliminare adipe e gonfiori, è rinfrescante, disintossicante, non affatica lo stomaco.

Ingredienti (per 4 persone)

✓ 250 g di riso arborio
✓ 2 peperoni
✓ 3 zucchini
✓ 150 g di pomodorini
✓ 200 g di funghi champignon
✓ 1 cipolla rossa
✓ 1 testa di aglio
✓ 1 dado vegetale (vedi ricetta a p. 157)
✓ 2 cucchiai di margarina vegetale (vedi ricetta a p. 167)
✓ farina di mais
✓ olio extravergine d'oliva
✓ sale

Cottura: in forno preriscaldato a 220° per 30 minuti.

Procedimento

Preparate il brodo scaldando 500 ml di acqua e sciogliendovi il dado vegetale.

Mondate e tagliate i peperoni, gli zucchini e i funghi.

Mondate e tritate la cipolla.

Tagliate i pomodorini a spicchi.

Mondate l'aglio, toglietene l'anima e fatelo soffriggere in padella insieme a ½ della cipolla tritata. Poi aggiungete i peperoni e cuocete per 10 minuti.

Dopodiché aggiungete gli zucchini, i funghi e i pomodori, un pizzico di sale e metà del riso. Fatelo tostare qualche minuto poi unite poco alla volta il brodo vegetale fino a quando il riso sarà cotto.

Prendete l'altra metà della cipolla e fatela rosolare in padella con la margarina vegetale; unite il riso rimasto, tostatelo per qualche minuto e aggiungete poco alla volta il brodo fino a che sarà cotto.

Ungete una tortiera e cospargetela di farina di mais, versateci uno strato di riso bianco, uno strato di riso con le verdure e un altro strato di riso bianco, spolverate la superficie con la farina di mais e infornate.

Zuppa bianca di amaranto

... l'amaranto è una pianta che proviene dal Centro America, non contiene glutine ed è catalogata come pseudocereale ricco di proteine ad altissimo valore biologico per la quantità di amminoacidi che contiene. È ricco di calcio, fosforo, magnesio e ferro, contiene fibre e per questo è molto utile nella digestione e per le funzioni intestinali.

Ingredienti (per 4 persone)
✓ 300 g di fagioli cannellini
✓ 2 bicchieri di amaranto
✓ 4 pomodori ciliegini
✓ olio extravergine d'oliva
✓ sale
✓ pepe bianco

Procedimento
Cuocete i fagioli in pentola a pressione in 600 ml di acqua e un pizzico di sale per 20 minuti, e frullateli con l'aiuto di un mixer a immersione.
Tagliate i pomodorini a metà e aggiungeteli ai fagioli, unendo anche l'amaranto.
Richiudete la pentola e cuocete per altri 20 minuti.

Prima di servire, condite con un filo d'olio e due pizzichi di pepe bianco.

Secondi

Piatti di pesce o di carne, verdure al vapore o grigliate, nulla mancherà più dal nostro menù.

La carne e il pesce potranno essere gustati in piatti semplici o in piatti più complessi, accompagnati da contorni ottenuti da cotture di vario genere, ma tutto sarà realizzato con attenzione ai sapori, perché non dobbiamo farci mancare proprio nulla!

Code di gamberi all'arrabbiata

... perfetti per quando si ha fame, ma non si è sicuri di cosa si abbia voglia di mangiare! Accompagnati da pane caldo sono l'ideale.

Ingredienti (per 4 persone)
✓ 250 g di code di gamberi
✓ 2 spicchi di aglio
✓ 1 dado vegetale (vedi ricetta a p. 157)
✓ 500 g di pomodorini ciliegini
✓ 1 peperoncino fresco
✓ paprika
✓ zenzero
✓ olio extravergine d'oliva
✓ sale
✓ pane per celiaci

Procedimento
Lavate i pomodorini e tagliateli a metà.
Mondate l'aglio e toglietene l'anima, quindi schiacciatelo e fatelo rosolare in padella con un filo d'olio. Appena si sarà dorato, aggiungete il dado, lasciatelo soffriggere 2 minuti, poi unite i pomodorini e un pizzico di sale, facendoli cuocere fino a ottenere un sugo.

Aggiungete quindi il peperoncino spezzato con le dita, una spolverata di paprika e di zenzero, infine le code di gamberi facendole cuocere per 10 minuti.
Servite accompagnando con fette di pane tostato per celiaci.

Crocchette di ceci

... *«Leggere senza riflettere è come mangiare senza digerire» (Edmund Burke).*

Ingredienti (per 4 persone)

- ✓ 1 cipolla dorata
- ✓ 250 g di ceci
- ✓ 2 cucchiai di fecola di patate
- ✓ 2 cucchiai di farina di riso
- ✓ prezzemolo
- ✓ curry
- ✓ salsa di soia
- ✓ olio extravergine d'oliva
- ✓ sale
- ✓ ketchup (vedi ricetta a p. 163)

Procedimento

Mettete i ceci in ammollo in acqua per una notte.

Il giorno dopo, mondate la cipolla e tagliatela a fette sottili, rosolatela in padella con un filo d'olio, un pizzico di sale e un'abbondante spolverata di curry.

Scolate i ceci dall'acqua, sciacquateli sotto l'acqua corrente e metteteli in pentola a pressione con tanta acqua da coprirli di

almeno un dito. Una volta che la pentola sarà entrata in pressione, abbassate la fiamma al minimo e cuocete per 40 minuti.
Tritate finemente 1 mazzetto di prezzemolo.
In un mixer, frullate i ceci lessati con 2 cucchiai di salsa di soia, il prezzemolo tritato e un pizzico di sale.
Versate tutto in una terrina e aggiungete la farina di riso e la fecola di patate, impastando fino a ottenere una consistenza malleabile (se l'impasto dovesse essere troppo umido, aggiungete poco alla volta altra farina di riso).
Formate dei cilindretti e passateli nella farina di riso.
Friggete in abbondante olio, poi cospargete con un pizzico di sale.
Servite accompagnando con una spruzzata di ketchup.

Falafel di legumi e zucchini

... il termine «falafel» è formato da tre parole distinte che in lingua copta significavano letteralmente «con tanti fagioli».
Mangiati per la prima volta in un piccolissimo ristorante ebraico nello storico quartiere di Roma!

Ingredienti (per 4 persone)
✓150 g di ceci
✓100 g di lenticchie
✓2 zucchini
✓1 scalogno
✓1 spicchio di aglio
✓coriandolo
✓1 limone
✓farina di ceci
✓sale
✓pepe nero
✓hummus (vedi ricetta a p. 161)

Procedimento
Mondate gli zucchini e lo scalogno, e tagliateli grossolanamente.
Lessate i ceci e le lenticchie in pentola a pressione con 500 ml di acqua per 20 minuti.

Mondate l'aglio, toglietene l'anima e tritatelo finemente.
Mettete in un mixer gli zucchini, lo scalogno, l'aglio tritato, i legumi, 1 cucchiaino di coriandolo, un pizzico di sale e di pepe, e una grattata di scorza di limone, e frullate fino a ottenere un purè omogeneo.
Trasferite il purè in una ciotola e aggiungete la farina di ceci fino a quando avrete ottenuto un impasto morbido e malleabile.
Realizzate con l'impasto delle piccole palline, schiacciatele leggermente e ripassatele nella farina di ceci.
Preparate una padella con olio ben caldo e friggete le palline finché saranno dorate.
Servitele bollenti, accompagnate dall'hummus.

Gamberi alle cipolle

... un'amica di famiglia li faceva sempre e noi bambini non potevamo resistere alla tentazione di pulire anche la padella... la parte più buona è proprio il sughetto.

Ingredienti (per 4 persone)
✓ 400 g di gamberi freschi
✓ 6 cipolle dorate
✓ 2 bicchieri di vino bianco
✓ olio extravergine d'oliva
✓ sale
✓ pepe nero

Procedimento
Mondate le cipolle e tagliatele a fettine sottili, mettetele in una padella con 2 bicchieri di acqua, e a fuoco medio lasciate che evapori, quindi aggiungete un filo d'olio e fatele appassire.
Pulite i gamberi e aggiungeteli in padella con 2 pizzichi di sale e di pepe e il vino, facendo cuocere il tutto a fuoco lento. Quando si sarà formato un sughetto e i gamberi avranno cambiato colore, saranno cotti.

Involtini

... piccoli, colorati, dal gusto delicato!

Ingredienti (per 4 persone)

- ✓ 2 carote
- ✓ 2 scalogni
- ✓ 150 g di zucca
- ✓ 150 g di grano saraceno
- ✓ 10 foglie di verza
- ✓ 4 cucchiai di farina di riso
- ✓ 500 ml di latte di soia (vedi ricetta a p. 187)
- ✓ olio extravergine d'oliva
- ✓ sale
- ✓ tamari
- ✓ noce moscata

Procedimento

Lavate il grano saraceno sotto l'acqua corrente, mettetelo in una pentola con il doppio del volume di acqua salata e portate a ebollizione, quindi abbassate la fiamma al minimo e cuocete per 10 minuti.

Trascorsi i 10 minuti, lasciate riposare con il coperchio per altri 10 minuti.

Mondate lo scalogno, tritatelo, e rosolatelo in padella con un filo d'olio, un pizzico di sale e 1 bicchiere di acqua.
Mondate la carota e la zucca, tagliatele a cubetti, quindi versatele in padella, aggiungete una spruzzata di tamari e 1 bicchiere di acqua, cuocete per 10 minuti, infine unite il grano saraceno.
Nel frattempo, scottate le foglie di verza in acqua bollente e salata.
Mettete 1 cucchiaio di grano saraceno con le verdure su metà foglia di verza, arrotolatela e rimboccate i bordi.
Preparate la besciamella scaldando il latte di soia, quindi versate poco alla volta la farina di riso, mescolando continuamente fino a quando si sarà addensata. Aggiungete anche un pizzico di sale e un'abbondante grattata di noce moscata.
Servite gli involtini su un letto di besciamella.

Platessa alla sorrentina

... tutto il sapore del Mediterraneo in un unico piatto.

Ingredienti (per 4 persone)

- ✓ 4 filetti di platessa
- ✓ 400 g di pomodori
- ✓ 1 spicchio di aglio
- ✓ 10 olive nere denocciolate
- ✓ ½ cucchiaino di origano
- ✓ prezzemolo
- ✓ farina di mais
- ✓ olio extravergine d'oliva
- ✓ sale
- ✓ pepe nero

Procedimento

Lavate e mondate i pomodori, quindi tagliateli a pezzettini.
Sciacquate le olive e tagliatele a rondelle.
Tritate 1 mazzetto di prezzemolo grossolanamente.
Infarinate i filetti e metteteli a dorare su entrambi i lati in padella con un filo d'olio e l'aglio intero.
Una volta dorati, togliete l'aglio e aggiungete i pomodori, le olive, l'origano, un pizzico di sale e di pepe, e fate cuocere

qualche minuto, quindi spegnete il fuoco e servite immediatamente cospargendo di prezzemolo tritato.

Pollo alle mandorle

... i cinesi ne fanno gran uso, perché gli oli essenziali delle mandorle sono perfetti in cucina, e il loro sapore dolce si lega bene soprattutto alla sapidità della salsa di soia.

Ingredienti (per 4 persone)
- ✓ 1 petto di pollo
- ✓ 50 g di mandorle
- ✓ farina di riso
- ✓ olio extravergine d'oliva
- ✓ salsa di soia
- ✓ sale

Procedimento
Tagliate il petto di pollo a bocconcini e mettetelo in una terrina piena di acqua salata per 10 minuti. Preparate una ciotola con qualche cucchiaio di farina di riso. Scolate e asciugate bene i bocconcini di pollo e immergeteli nella farina, avendo cura che ogni bocconcino sia ben infarinato.
In una padella wok versate un filo d'olio e i bocconcini di pollo, facendoli rosolare su tutti i lati.
Nel frattempo, in una padellina antiaderente fate tostare le mandorle e aggiungetele al pollo quando sarà ben rosolato.

Infine, aggiungete un pizzico di sale, una spruzzata di salsa di soia e saltate per qualche minuto.

Polpette di fagioli azuki

... piccoli fagioli rossi con gradi proprietà nutrizionali, depurativi, ricchi di ferro e vitamine, i cosiddetti «re dei fagioli».

Ingredienti (per 4 persone)

✓ 100 g di fagioli azuki
✓ 3 cm di alga kombu
✓ ½ porro
✓ yogurt di soia
✓ farina di mais
✓ salsa di soia
✓ timo
✓ rosmarino
✓ olio extravergine d'oliva
✓ sale
✓ salsa agrodolce (vedi ricetta a p. 169)

Procedimento

Mettete i fagioli azuki in ammollo in acqua per una notte.
Il giorno dopo, scolateli e cuoceteli in pentola a pressione insieme a 3 cm di alga kombu, con sufficiente acqua da coprirli di almeno 3 dita. Una volta che la pentola sarà entrata in pressione abbassate la fiamma al minimo e cuoceteli per 30 minuti.

Affettate il porro finemente e fatelo appassire in padella con ½ bicchiere di acqua, un filo d'olio e un pizzico di sale.
Tritate 1 rametto di rosmarino e aggiungetelo in padella insieme alle foglioline di 1 rametto di timo.
Unite i fagioli al porro e le spezie, e frullateli con 1 cucchiaio di olio, 1 cucchiaio di salsa di soia, e 2 cucchiai di yogurt di soia. Una volta frullati, aggiungete poco alla volta la farina di mais fino a ottenere un impasto malleabile.
L'impasto deve essere morbido a sufficienza da poter realizzare delle polpettine. Nel caso non lo fosse, aggiungete altro yogurt; se invece fosse troppo morbido, aggiungete altra farina di mais.
Scaldate una padella con un filo d'olio e fate dorare le polpettine su entrambi i lati.
Servite le polpette accompagnate da salsa agrodolce.

Polpette di pesce

...facili da preparare, stuzzicanti per i bambini, buonissime per gli adulti.

Ingredienti (per 4 persone)

✓ 5 filetti di merluzzo
✓ 2 patate
✓ 1 mazzetto di prezzemolo
✓ sale
✓ pepe nero
✓ noce moscata
✓ farina di riso
✓ olio per friggere
✓ maionese di riso (vedi ricetta a p. 165)

Procedimento

Lavate le patate e lessatele in pentola in abbondante acqua salata. Una volta cotte fatele raffreddare e pelatele.
Cuocete a vapore i filetti di pesce per 20 minuti, fateli raffreddare, quindi tagliateli in piccoli pezzi.
Tritate il prezzemolo finemente.
In una terrina, schiacciate le patate con una forchetta, unite il merluzzo sminuzzato, un pizzico di sale, il prezzemolo, un

pizzico di noce moscata e di pepe nero, impastate bene e realizzate delle palline grandi come noci.
Passatele nella farina di riso e friggetele in abbondante olio.
Servitele ancora calde, accompagnate da 1 cucchiaio di maionese di riso.

Polpo al forno

... mai mangiato un polpo più buono e saporito, dal cuore tenero, una sottile crosticina croccante e dal sapore gustoso. Provare per credere!

Ingredienti (per 4 persone)
✓ 1 polpo
✓ 4 patate
✓ 1 bicchiere di vino bianco
✓ olio extravergine d'oliva
✓ sale
✓ pepe nero

Cottura: in forno preriscaldato a 180° per 45 minuti.

Procedimento
Mondate le patate e tagliatele a dadini.
Lavate il polpo e tagliatelo a pezzi piccoli.
Mettete le patate e il polpo in una terrina e condite con un filo d'olio e un pizzico di sale e di pepe. Mescolate bene con le mani, quindi lasciate riposare qualche minuto.
Versate il tutto in una teglia coperta con carta da forno, infornate e lasciate rosolare per 15 minuti. Poi aggiungete il vino e infornate nuovamente per altri 30 minuti.

Seppioline e patate

... lavorando vicino ai pescherecci mi sono fatta insegnare qualche piccolo segreto dai pescatori, i migliori cuochi di pesce!

Ingredienti (per 4 persone)
✓ 400 g di seppioline
✓ 1 cipolla dorata
✓ 3 patate
✓ 1 spicchio di aglio
✓ vino prosecco
✓ pomodoro concentrato
✓ sale
✓ pepe bianco
✓ olio extravergine d'oliva
✓ timo

Procedimento
Pulite le seppioline e tagliatele a pezzettini.
Mondate le patate e tagliatele a cubetti grossi, mettetele in una terrina con 2 bicchieri di prosecco, mescolatele e lasciatele riposare e insaporire qualche minuto.
Nel frattempo, mondate l'aglio, toglietene l'anima, e tagliatelo a fettine sottili.

Mondate la cipolla e tritatela finemente, quindi mettetela in pentola a pressione insieme all'aglio e fatela appassire in 2 bicchieri di acqua senza chiudere il coperchio.
Aggiungete le seppioline e il vino, e fate sfumare a fuoco alto: quando il vino sarà evaporato completamente aggiungete le patate, 1 bicchiere di acqua, una spruzzata di pomodoro concentrato, un pizzico di sale e di pepe, e un filo d'olio, quindi chiudete la pentola e una volta entrata in pressione fate cuocere per 15 minuti.
Prima di servire, aggiungete un filo d'olio e una spolverata di timo.

Soufflé di tofu

... il soufflé che non si sgonfia!

Ingredienti (per 4 persone)
✓ 200 g di tofu naturale
✓ 100 g di bietole
✓ 100 g di carote
✓ 100 g di zucca
✓ olio extravergine d'oliva
✓ agar agar
✓ noce moscata
✓ cannella
✓ sale

Cottura: in forno preriscaldato a 180° per 25 minuti.

Procedimento
Lavate le bietole e scottatele in acqua salata per 2 minuti, scolatele e strizzatele molto bene. Mondate le carote e la zucca, e tagliatele a dadini, quindi cuocetele a vapore.
Nel frattempo, frullate il tofu con 1 cucchiaino di agar agar, un pizzico di sale e un filo d'olio.

Dividete il composto ottenuto in 3 parti uguali: frullatene una parte con le bietole, una parte con le carote e una spolverata di noce moscata, e l'ultima parte con la zucca e una spolverata di cannella.
Ungete le pirottine e, riempiendole fino a ¾, versate un poco di impasto di carote, quindi un poco di impasto di zucchine e infine un poco di impasto con le bietole.
Infornate e, prima di servire i soufflé, lasciateli raffreddare completamente.

Soufflé di patate e spinaci

... da un romantico viaggio nella meravigliosa Parigi ho tratto ispirazione per questo tipico piatto francese, preparato con una cottura lenta, un processo molto delicato a cui bisogna prestare molta attenzione.
Il verbo «souffler» in francese vuol dire proprio «soffiare», ciò che accade a questi piccoli capolavori.

Ingredienti (per 4 persone)
✓ 300 g di patate
✓ 300 g di spinaci
✓ 4 uova
✓ 1 cipolla bianca
✓ 1 spicchio di aglio
✓ olio extravergine d'oliva
✓ sale
✓ coriandolo
✓ noce moscata

Cottura: in forno preriscaldato a 180° per 35 minuti.

Procedimento
Lavate gli spinaci e asciugateli bene.
Mondate le patate, tagliatele a fettine, quindi cuocetele a vapore per 25 minuti.
Mondate la cipolla e tritatela finemente.
Mondate l'aglio, toglietene l'anima e tagliatelo a fettine sottili.
Fate rosolare la cipolla e l'aglio in padella con un filo d'olio, unite gli spinaci spezzettati e fateli appassire aggiungendo anche un pizzico di sale, di noce moscata e di coriandolo.
Quando la loro acqua si sarà asciugata, aggiungete le patate e fate cuocere per altri 5 minuti.
Riducete il tutto a purè con l'aiuto di un mixer e fate intiepidire.
Montate gli albumi a neve con un pizzico di sale.
Unite al purè i tuorli e, delicatamente, gli albumi, mescolando dal basso verso l'alto in modo tale che non si smontino, quindi sistemate il composto negli stampini ben oliati e infornateli.

Spiedini al sesamo

... la zona d'origine della pianta del sesamo è sconosciuta, ma numerose specie selvatiche sono comuni in Africa e alcune altre in India. Ancora oggi i semi di sesamo sono considerati un simbolo di immortalità e sono profondamente legati ai culti sacri.

Ingredienti (per 4 persone)

✓1 di petto di tacchino
✓1 fetta di pancetta fresca
✓2 uova
✓sesamo
✓sale
✓curry
✓olio extravergine d'oliva
✓bastoncini di legno per spiedini

Procedimento

Tagliate il petto di tacchino a dadini piccoli e mettetelo in una terrina piena di acqua salata per 10 minuti. Tagliate a dadini anche la pancetta fresca, quindi preparate degli spiedini alternando la pancetta al tacchino.
Preparate un piatto con qualche cucchiaio di semi di sesamo, mettete sul fuoco una bistecchiera e cospargetela con sale fino.

Sbattete le uova in una ciotola abbastanza larga da farci entrare uno spiedino per la sua lunghezza, aggiungete un pizzico di sale e un'abbondante spolverata di curry, immergete ogni spiedino nell'uovo, quindi fatelo rotolare nel sesamo in modo che si attacchi bene su ogni lato. Infine mettete gli spiedini sulla bistecchiera e cuoceteli a fuoco alto per 15 minuti. Serviteli caldi con un filo d'olio.

Spiedini di seitan

...«il cibo trova sempre coloro che amano cucinare!» (Gusteau, dal film «Ratatouille»).

Ingredienti (per 4 persone)

✓200 g di seitan
✓2 peperoni verdi
✓2 zucchini
✓2 spicchi di aglio
✓8 foglie di salvia
✓aceto di mele
✓olio extravergine d'oliva
✓salsa di soia
✓sale
✓pepe bianco
✓senape (vedi ricetta a p. 173)

Cottura: in forno preriscaldato a 180° per 30 minuti.

Procedimento

Mondate e tagliate gli zucchini e i peperoni a dadini, poi metteteli in una ciotola con una spruzzata di aceto, un pizzico di sale e di pepe, e lasciateli marinare 10 minuti.

Mondate gli spicchi di aglio e schiacciateli.
Tagliate il seitan a pezzetti.
Preparate una ciotola con un filo d'olio, una spruzzata di salsa di soia, le foglie di salvia e gli spicchi di aglio schiacciati, e lasciatevi marinare il seitan.
Preparate gli spiedini alternando gli zucchini, il seitan e i peperoni, poi infornateli.
Serviteli accompagnati da una noce di senape.

Contorni

Il contorno ha un grande contenuto di fibre alimentari, vitamine e sali minerali. In Italia viene servito in un piatto diverso da quello che contiene il secondo, e in genere è più piccolo ma svolge un ruolo fondamentale perché può valorizzare, accompagnare ed esaltare i sapori dei nostri secondi.

Asparagi gratinati

... gratinato per tutti, nessun commensale escluso!

Ingredienti (per 4 persone)
- ✓ 20 asparagi
- ✓ 30 g di farina di riso
- ✓ 5 foglie di menta
- ✓ 3 foglie di salvia
- ✓ 2 foglie di alloro
- ✓ 400 ml di latte di riso (vedi ricetta a p. 188)
- ✓ olio extravergine d'oliva
- ✓ sale
- ✓ noce moscata

Cottura: in forno preriscaldato a 190°, fino a quando la superficie sarà dorata.

Procedimento
Tritate finemente la menta, la salvia e l'alloro. Lavate bene gli asparagi e lessateli in acqua salata per 5 minuti.
Mettete la farina di riso in una pentola e stemperatela a fuoco basso con 2 cucchiai di olio, per 2 minuti. Senza smettere di mescolare, aggiungete il latte di riso a temperatura am-

biente, un pizzico di sale e una grattata di noce moscata, e fate addensare la besciamella. Togliete dal fuoco e aggiungete le erbe tritate.
Mettete gli asparagi in una pirofila da forno e copriteli con la besciamella, e fate cuocere in forno fino a quando la superficie sarà dorata.

Barchette di zucchini e quinoa

... un modo di portare il passato nel presente. Gli inca lo chiamavano «chisiya mama» che in quechua vuol dire «madre di tutti i semi», perché dotato di grandi proprietà nutritive.

Ingredienti (per 4 persone)

✓ 4 zucchini
✓ 150 g di quinoa
✓ 1 spicchio di aglio
✓ 1 cucchiaio di sesamo
✓ 1 rametto di prezzemolo
✓ 1 bustina di zafferano
✓ olio extravergine d'oliva
✓ salsa di soia

Procedimento

Cuocete la quinoa in acqua salata per 15 minuti.
Mondate gli zucchini, tagliateli a metà nel verso della lunghezza e cuoceteli a vapore per 15 minuti.
Aiutandovi con un cucchiaino, private gli zucchini della loro polpa e mettetela da parte, ricavando delle barchette.
Mondate l'aglio, toglietene l'anima e tritatelo finemente.

In una padella con un filo d'olio rosolate l'aglio, aggiungete la polpa degli zucchini, la quinoa, la salsa di soia e lo zafferano.
Tritate il prezzemolo grossolanamente.
In un'altra padella, con una goccia d'olio d'oliva, tostate i semi di sesamo a fuoco alto, mescolando continuamente per evitare che si brucino.
Farcite le barchette con la quinoa e spolveratele di prezzemolo e sesamo tostato.

Carciofi e patate

... è stato un compagno di vita per molti anni e da lui ho cercato di imparare il segreto per preparare questo piatto semplicissimo ma gustosissimo... è talmente buono che non vedi l'ora di mangiarlo, ma bisogna avere la pazienza di aspettare che ogni verdura si cuocia e insaporisca lentamente.

Ingredienti (per 4 persone)

✓ 4 patate
✓ 4 carciofi
✓ 1 spicchio di aglio
✓ 1 dado vegetale (vedi ricetta a p. 157)
✓ sale
✓ olio extravergine d'oliva
✓ acqua

Procedimento

Mondate le patate e tagliatele a fette rotonde alte circa 1 cm.
Mondate i carciofi e tagliateli per il verso della loro lunghezza, a fette alte circa ½ cm.
Mondate l'aglio e toglietene l'anima, schiacciatelo e mettetelo in una padella di ceramica con un filo d'olio. Fatelo rosolare e aggiungete le fette di patate e carciofi, quindi unite ½

bicchiere di acqua, il dado e un pizzico di sale e coprite con un coperchio, lasciando cuocere a fuoco medio. Non appena l'acqua comincerà a bollire, cuocete per 5 minuti, poi togliete il coperchio e cuocete a fuoco basso fino a quando le patate saranno rosolate.

Carciofi ripieni

... la coltivazione del carciofo venne introdotta in Europa dagli arabi sin dal 1300, anche se in una sua varietà selvatica veniva consumato già dagli egizi, dai greci e dai romani, sia a scopo medicinale che alimentare. Il carciofo ha ispirato poeti, pittori, botanici, cuochi e letterati ed è una vera e propria miniera di principi attivi utili alla digestione, alla diuresi, alla cura della bellezza del viso, del corpo e dei capelli, ma alcuni dicono che vanti addirittura proprietà afrodisiache!

Ingredienti (per 4 persone)
- ✓ 1 cipolla bianca
- ✓ 100 g di carote
- ✓ 40 g di uvetta
- ✓ 4 carciofi
- ✓ 150 g di quinoa
- ✓ mozzarella vegetale (vedi ricetta a p. 181)
- ✓ olio extravergine d'oliva
- ✓ 1 dado vegetale (vedi ricetta a p. 157)
- ✓ tamari
- ✓ sale

Cottura: in forno preriscaldato a 190° per 10 minuti.

Procedimento

Preparate il brodo sciogliendo il dado in 500 ml di acqua.

Tostate la quinoa in padella con un filo d'olio per un paio di minuti.

Mettete la quinoa in pentola con il doppio della sua quantità di brodo, portate a ebollizione, coprite con un coperchio e cuocete a fuoco basso per 15 minuti. Togliete dal fuoco e lasciate riposare in pentola per altri 5 minuti; a questo punto sgranate la quinoa con una forchetta.

Mettete l'uvetta in ammollo in acqua per qualche minuto, dopodiché strizzatela.

Mondate la cipolla e le carote e tagliatele a dadini. Fatele rosolare in padella con un filo d'olio, 2 cucchiai di acqua e un pizzico di sale, quindi aggiungete l'uvetta strizzata, e una spruzzata di tamari.

Cuocete finché le verdure saranno tenere, quindi aggiungete la quinoa e saltate tutto insieme per qualche minuto.

Mondate i carciofi tagliando le cime delle foglie più esterne ed eliminando dalla base le foglie più dure, immergendoli in acqua e succo di limone per evitare che anneriscano.

Immergete i carciofi in una pentola di acqua bollente leggermente salata, con una spruzzata di succo di limone, cuocendoli per 20 minuti, dopodiché scolateli strizzandoli il più possibile per poter allargare bene le foglie interne e toglierne il cuore (il fieno).

Riempite i carciofi con la quinoa, tagliate a pezzetti la mozzarella vegetale e disponetela sopra i carciofi.

Infine infornate i carciofi per 10 minuti.

Pomodori gratin

... uno dei primi piatti che ricordo di aver imparato a preparare sono i pomodori gratin che cucinava mia mamma, dove il sapore aspro e morbido del pomodoro entra in contrasto con la croccantezza della gratinatura... semplici e gustosi.

Ingredienti (per 4 persone)
✓ 4 pomodori ramati
✓ 2 foglie di basilico
✓ 1 spicchio di aglio
✓ sale
✓ pepe nero
✓ pane grattugiato (per celiaci)
✓ olio extravergine d'oliva

Cottura: in forno preriscaldato a 170° per 25 minuti.

Procedimento
Lavate i pomodori e tagliate le calotte, svuotate la polpa con 1 cucchiaino e versatela in una ciotola.
Mondate l'aglio, toglietene l'anima e schiacciatelo.
Tritate il basilico finemente.

Nella ciotola, aggiungete il pangrattato, l'aglio schiacciato, un pizzico di sale e di pepe, e il basilico tritato. Impastate fino a ottenere un composto morbido che lascerete riposare 15 minuti. Togliete quindi l'aglio e poi riempite i pomodori; cospargeteli con un filo d'olio e infornateli in una teglia ben unta.
Per insaporire bene i pomodori, durante la cottura prendete un po' d'olio dalla teglia e cospargetelo sopra i pomodori.

Tempura di riso

… si dice che fritti siano buoni anche i sassi, ma la tempura ha una storia. Risale al XVI secolo, con i primi contatti tra i giapponesi e i marinai portoghesi e i missionari cristiani. All'epoca, all'inizio di ogni stagione, i cristiani rispettavano le «quattro tempora» non mangiando carne per tre giorni: il mercoledì, il venerdì e il sabato, dedicandosi alla preghiera. Dal termine «tempora» i giapponesi trassero il nome «tempura», che ancora oggi utilizzano per questo piatto.

Ingredienti (per 4 persone)

✓ 5 asparagi
✓ ½ broccolo
✓ ½ cavolfiore
✓ 1 fetta di zucca gialla
✓ 100 g di farina di riso
✓ 50 g di maizena
✓ salsa di soia
✓ olio di arachidi
✓ ½ bicchiere birra gelata

Procedimento

Mondate le verdure, avendo cura di asciugarle bene tutte.

Tagliate la parte legnosa degli asparagi, i broccoli e il cavolfiore a ciuffi, e la zucca a fettine di circa ½ cm di spessore.

Riscaldate abbondante olio in un pentolino non troppo largo ma alto.

In una ciotola, unite le due farine e velocemente mischiatele con la birra, ottenendo una pastella densa come la panna da cucina.

Per sapere se l'olio è abbastanza caldo, lasciatevi cadere una goccia di pastella: se friggerà venendo a galla, potete immergere le verdure nella pastella e friggerle per pochi minuti, scolandole bene su carta da cucina.

Servite la pietanza molto calda, accompagnandola con salsa di soia.

Verdure con gomasio

… nella cucina di un ristorante macrobiotico ho imparato che: «Chi fa uso di verdura vive sano e a lungo dura».

Ingredienti (per 4 persone)

✓ 2 patate
✓ 1 peperone
✓ 4 carote
✓ 2 zucchini
✓ 1 fetta di zucca gialla
✓ gomasio (vedi ricetta a p. 159)
✓ salsa di soia
✓ olio extravergine d'oliva
✓ acqua

Procedimento

Mondate le verdure e tagliatele a dadini, mettetele in una padella wok con 1 bicchiere di acqua e un filo d'olio e fatele rosolare; una volta cotte, spruzzate della salsa di soia e fatele saltare in padella un paio di minuti.
Infine, spolverate le verdure con il gomasio e servite.

Insalate

Prima dei pasti, accanto ai secondi, alla fine di ogni pasto… «l'insalata vuole il sale da un sapiente, l'aceto da un avaro, l'olio da un prodigo, vuol essere mescolata da un matto e mangiata da un affamato» (proverbio).

Cesar salad

... è un'insalata americana con una storia alle spalle. Nel 1924 lo chef italiano Cesare Cardini, non avendo a disposizione altri ingredienti, inventò questa ricetta per l'Independence Day. Proprio da lui prende infatti il nome, anche se oggi ne esistono molte versioni.

Ingredienti (per 4 persone)

- ✓ 1 cespo di insalata iceberg
- ✓ 1 cucchiaio di capperi
- ✓ parmigiano vegetale (vedi ricetta a p. 183)
- ✓ 1 uovo
- ✓ 1 limone
- ✓ 1 cucchiaino di senape (vedi ricetta a p. 173)
- ✓ 90 g di olio extravergine d'oliva
- ✓ 1 cucchiaio di pasta di acciughe
- ✓ ½ cucchiaino di miele
- ✓ 3 spicchi di aglio

Procedimento

Mondate e togliete l'anima dagli spicchi di aglio.
In un frullatore, emulsionate il tuorlo, il succo di limone e la senape fino a quando il composto risulterà omogeneo, quindi aggiungete l'olio delicatamente, senza smettere di emul-

sionare. Quando il composto sarà spumoso, versatelo in una terrina capiente e aggiungete la pasta di acciughe, il miele, gli spicchi di aglio schiacciati e una grattata di parmigiano vegetale mescolando con un cucchiaio.
Tagliate l'insalata a fettine sottili, mescolatela delicatamente al condimento e infine cospargete con i capperi e altro parmigiano vegetale tagliato a scaglie.

Insalata di mele e noci

... è un'insalata leggera e sfiziosa, che mette in contrasto il sapore acidulo e la consistenza fresca delle mele con il sapore dolciastro e pieno delle noci.

Ingredienti (per 4 persone)
✓4 gambi di sedano
✓2 mele verdi
✓100 g di noci
✓4 cucchiai di zucchero semolato
✓50 g di maionese di riso (vedi ricetta a p. 165)
✓1 pizzico di sale
✓1 pizzico di pepe bianco
✓2 cucchiaini di erba cipollina
✓qualche goccia di limone

Procedimento
Sgusciate le noci.
Mettete le noci, lo zucchero e 1 bicchiere di acqua in un pentolino, a fuoco medio. Raggiunto il bollore fate cuocere per 10 minuti; quando lo sciroppo si sarà scurito leggermente versate le noci sopra una gratella, lasciatele scolare e raffreddare avendo cura di separarle tra loro.

Tagliate a striscioline sottili il sedano e le mele, e mettete tutto in un'insalatiera con acqua fredda e qualche goccia di limone, per evitare che anneriscano.
In un'altra insalatiera, mescolate insieme la maionese di riso, il sale, il pepe e l'erba cipollina.
Scolate e asciugate bene il sedano e le mele, incorporateli alla salsa di maionese e al momento di servire aggiungete le noci caramellate.

Insalata di patate

... l'insalata di patate è un tipico piatto della cucina tedesca, ma gli americani ne hanno fatto un must del brunch!

Ingredienti (per 4 persone)

✓500 g di patate
✓50 g di cipolla rossa
✓40 g di zucchero semolato
✓2 cucchiai di aceto di riso
✓50 g di maionese di riso (vedi ricetta a p. 165)
✓1 cucchiaio di aneto
✓2 pizzichi di sale
✓2 pizzichi di pepe nero
✓1 spicchio di aglio

Procedimento

Mondate e tagliate le patate a dadini, cuocetele a vapore per 30 minuti, quindi passatele sotto l'acqua fredda per interrompere la cottura.
Mondate e tagliate la cipolla a fettine molto sottili, che metterete in un'insalatiera con acqua fredda per 10 minuti. Trascorso il tempo, scolatele asciugandole con cura.
Infine unite le cipolle e le patate in un'insalatiera.

Togliete l'anima dallo spicchio di aglio e tagliatelo a fettine sottili.
In una ciotola, mescolate insieme lo zucchero, il sale, il pepe, l'aglio, l'aceto di riso, la maionese di riso e unite il tutto al composto di patate e cipolle. Infine cospargete con l'aneto tritato finemente, quindi riponete l'insalata in frigorifero per 30 minuti e servitela fredda.

Insalata di pollo in guacamole

... da un'amica sudamericana ho imparato a utilizzare l'avocado, elemento base del guacamole. Questa salsa di origine messicana risale al tempo degli aztechi, e il significato del termine è proprio «salsa di avocado».

Ingredienti (per 4 persone)

- ✓ 1 avocado
- ✓ 300 g di pollo
- ✓ 1 pomodoro
- ✓ 1 mazzetto di rucola
- ✓ 1 cipolla rossa
- ✓ ½ lime
- ✓ sale
- ✓ pepe nero
- ✓ cumino
- ✓ Tabasco

Procedimento

Per preparare la salsa di guacamole, mondate l'avocado e schiacciatelo con una forchetta; mondate e affettate finemente la cipolla e aggiungetela alla purea di avocado.

Spremete il lime e aggiungete al composto il suo succo, 2 pizzichi di sale e 2 pizzichi di pepe, un pizzico di cumino e infine 2 gocce di Tabasco. Lasciate riposare la salsa per 30 minuti in frigorifero.
Cuocete il pollo alla piastra e tagliatelo a pezzettini; mettetelo in una terrina e conditelo con la salsa di guacamole.
Tagliate il pomodoro a dadini, tritate grossolanamente la rucola, e unite il tutto all'insalata di pollo.

Insalata greca con tofu

… la tradizionale ricetta greca, fresca e completa prevederebbe la feta, ma il tofu diventa una valida alternativa, e la sua freschezza non ne risente minimamente.

Ingredienti (per 4 persone)

✓ 250 g di pomodori ciliegini
✓ 1 cetriolo
✓ 2 peperoni
✓ 1 cipollotto
✓ 3 acciughe
✓ 200 g di tofu
✓ 100 g di olive nere
✓ 1 limone
✓ 1 cucchiaio di aceto balsamico
✓ 2 spicchi di aglio
✓ pepe nero
✓ sale
✓ olio extravergine d'oliva

Procedimento

Mondate e tagliate il cipollotto a fettine sottili.
Fate lo stesso con i peperoni.

Togliete l'anima dall'aglio e tritatelo finemente.
Sbattete insieme un filo d'olio, un pizzico di sale e di pepe nero, il succo del limone filtrato, l'aceto balsamico, l'aglio tritato, metà del cipollotto e metà dei peperoni, quindi lasciate riposare il condimento per 20 minuti.
Intanto tagliate i pomodorini in 4 e a metà il cetriolo, svuotatelo dei semi e fatelo a fettine. Tagliate il tofu a dadini e sminuzzate le acciughe.
Mettete il tutto in un'insalatiera, irrorate con il condimento precedentemente preparato e mescolate delicatamente unendo le olive, il cipollotto e i peperoni rimasti, avendo cura di non schiacciare il tofu.
Lasciate riposare l'insalata in frigorifero per 30 minuti e servitela fresca.

Dressing

Le salse sono importanti per valorizzare carne, pesce e verdure. Anche un semplice panino può diventare un'esperienza culinaria indimenticabile per le nostre papille gustative se guarnito con salse saporite. Ma sono più buone e genuine se fatte in casa!

Dado vegetale

... serve per condire, per insaporire, per completare i sapori, ma fatto in casa è indubbiamente più buono e più sano di quello comprato al supermercato.

Ingredienti

✓1 gambo di sedano
✓2 carote
✓1 cipolla gialla
✓1 mazzetto di prezzemolo
✓1 spicchio di aglio
✓2 cucchiai di sale
✓olio extravergine d'oliva

Procedimento

Mondate e tritate le verdure mettendole in una padella insieme a un filo d'olio, al sale e a 1 bicchiere di acqua, e cuocete per circa 1 ora. Poi frullate il tutto e rimettetelo sul fuoco per farlo addensare ancora.

Mettete il composto in frigorifero all'interno di barattoli di vetro, oppure nei sacchetti per fare il ghiaccio direttamente in freezer.

All'uso, 1 cucchiaio equivale a 1 cubetto.

In frigorifero il dado dura 6/8 mesi.

Gomasio

... per dare più sapore ai vostri piatti, anche ai più semplici. Le proporzioni tra sesamo e sale possono variare: solitamente si utilizza una proporzione di sesamo/sale di 7:1 fino a 10:1.

Ingredienti

✓ 70 g di semi di sesamo
✓ 10 g di sale marino integrale

Procedimento

Tostate il sesamo a fuoco lento in una padella, facendo attenzione a non bruciarlo. Quando i chicchi di sesamo si sfarineranno tra le dita sarà pronto, quindi toglietelo dalla padella.
Nella stessa padella tostate anche il sale, fino a che i grani non si saranno scuriti un poco.
Una volta tostato anche il sale, pestate tutto insieme in un mortaio, fino a ridurre il tutto a farina.

Knisch di cavolo e patate

Pâté di tonno

Gnocchi alla crema di noci

Fusilli gamberetti e curry

Pollo alle mandorle

Spiedini al sesamo

Pomodori gratin

Verdure al gomasio

Insalata greca con tofu

Formaggio di patate

Formaggio vegetale spalmabile

Pane di kamut

Apple pie

Baci di dama

Mousse alla nocciola

Tartufini al cocco

Hummus

... in arabo صمّح*, in ebraico* סומוח*, in lingua armena Hamos, in greco* Χούμους. *La sua origine si perde nell'Antichità.*
Viene solitamente consumato insieme al pane pita, oppure insieme ai falafel. Nella cucina mediterranea può essere ad esempio utilizzato come salsa per verdure crude (carote, sedano, finocchio) in piacevole alternativa al classico pinzimonio o come dressing per crocchette.

Ingredienti

✓ 250 g di ceci lessati
✓ 2 spicchi di aglio
✓ 1 limone
✓ 2 cucchiai di tahina
✓ 1 mazzetto di prezzemolo
✓ 1 pizzico di paprika
✓ olio extravergine d'oliva
✓ sale

Procedimento

Mettete i ceci in ammollo in acqua per una notte.
Il giorno dopo, scolate i ceci, sciacquateli sotto l'acqua corrente e metteteli in pentola a pressione con tanta acqua da coprirli di

almeno un dito; una volta che la pentola è entrata in pressione, abbassate la fiamma al minimo e cuocete per 40 minuti.
Mondate l'aglio e toglietene l'anima.
Tritate finemente il prezzemolo.
Mettete in un frullatore i ceci, la tahina, il succo di limone, gli spicchi di aglio, un pochino di acqua, un pizzico di sale, di paprika e un filo d'olio e frullate fino a ottenere un composto omogeneo abbastanza denso. Infine, mescolando con un cucchiaio, aggiungete il prezzemolo tritato.

Ketchup

... un sandwich senza ketchup non è completo... che strappo alla regola sarebbe?!

Ingredienti

✓1 cucchiaio di maizena
✓350 ml di acqua
✓15 g di cipolla rossa
✓1 gambo di sedano
✓1 cucchiaino di olio extravergine d'oliva
✓150 g di concentrato di pomodoro
✓70 g di zucchero semolato
✓50 ml di aceto di mele
✓2 pizzichi di sale
✓1 pizzico di noce moscata

Procedimento

Per iniziare a preparare il brodo, lavate e pulite il sedano e la cipolla, quindi fateli soffriggere per qualche minuto in 1 cucchiaio di olio d'oliva, unite l'acqua e portate il tutto a ebollizione proseguendo la cottura a fuoco basso per 15 minuti; infine filtratelo con l'aiuto di un colino.

Mettete il brodo in una casseruola, aggiungete il pomodoro concentrato, lo zucchero, il sale e la noce moscata, portate a ebollizione, quindi abbassate la fiamma e lasciate cuocere a fuoco lento per 5 minuti.
A parte mescolate l'aceto e la maizena, poi delicatamente aggiungeteli agli altri ingredienti nella casseruola e cuocete per altri 5 minuti a fuoco basso, mescolando continuamente.
Fate raffreddare e conservate in frigorifero.

Maionese di riso

... adatta a chi vuole concedersi qualche peccato di gola senza troppi sensi di colpa.

Ingredienti

✓ 2 cucchiai di farina di riso
✓ 150 ml di acqua
✓ 3 cucchiai di olio extravergine d'oliva
✓ ½ cucchiaino di senape (vedi ricetta a p. 173)
✓ 1 pizzico di aglio in polvere
✓ 1 pizzico di sale
✓ 1 pizzico di pepe
✓ limone

Procedimento

Unite la farina di riso e l'acqua in una pentola, mettete sul fuoco e fate addensare il composto a fuoco basso fino a ottenere una crema omogenea.
Versate la crema di riso nel mixer e aggiungete l'olio, il sale, l'aglio, il pepe, la senape e qualche goccia di succo di limone e frullate il tutto fino a quando avrete ottenuto una crema liscia.
Versate la maionese in una ciotola e fatela raffreddare e addensare, poi conservatela in frigorifero.

Margarina vegetale

... in alcune preparazioni non se ne può proprio fare a meno, ed è una valida alternativa vegetale al burro, anche semplicemente spalmata sul pane.

Ingredienti

- ✓ 20 g di olio di mais
- ✓ 20 g di olio di soia
- ✓ 30 g di olio extravergine d'oliva
- ✓ 10 g di lecitina di soia
- ✓ 10 cucchiai di acqua

(si può scegliere la combinazione di oli che si preferisce)

Procedimento

In un contenitore abbastanza alto versate la lecitina di soia e 1 cucchiaio di acqua, più i tre tipi di olio scelti. Mescolate e fate riposare il composto in frigorifero per 10 minuti.

Con il frullatore a immersione frullate il composto fino a ottenere una crema, quindi aggiungete 1 cucchiaio di acqua alla volta, continuando a frullare.

Riponete nuovamente il composto in frigorifero, fatelo raffreddare e addensare.

Salsa agrodolce

... «salsa del popolo», per il basso costo dei suoi ingredienti, nata in Cina, è stata poi esportata dagli arabi nelle cucine europee, e dagli stessi cinesi in quella nordamericana.

Ingredienti
- ✓ 1 cucchiaio di maizena
- ✓ 100 ml di acqua
- ✓ 50 ml di aceto di riso o di vino bianco
- ✓ 40 g di zucchero semolato
- ✓ 2 cucchiai di concentrato di pomodoro
- ✓ sale

Procedimento

Fate sciogliere la maizena nell'acqua, poi aggiungete l'aceto, lo zucchero, il concentrato di pomodoro e un pizzico di sale, mescolate bene e portate a ebollizione, quindi cuocete fino a che avrà raggiunto una consistenza fluida e viscosa.

Spegnete il fuoco e fate raffreddare, mescolando di tanto in tanto.

Salsetta

... assomiglia alla tipica bagna càuda piemontese, ma è molto più leggera e delicata.

Ingredienti

- ✓ 1 finocchio
- ✓ 1 peperone rosso
- ✓ 1 peperone giallo
- ✓ 2 patate lesse
- ✓ 4 gambi di sedano
- ✓ 4 carote
- ✓ 50 g di alga hijiki secca
- ✓ 1 cucchiaio di capperi sotto sale
- ✓ 1 testa di aglio
- ✓ 1 tazza di latte di soia (vedi ricetta a p. 187)
- ✓ 1 pizzico di sale
- ✓ 1 spruzzata di panna di soia
- ✓ olio extravergine d'oliva
- ✓ tamari

Procedimento

Mondate il finocchio, i peperoni, il sedano e le carote, e tagliateli a pezzi grossi.

Lessate le patate e tagliatele a fettine.
Mettete le alghe ad ammorbidire per 30 minuti in una ciotola con acqua fredda, quindi scolatele, rimettetele in acqua e fatele bollire per 1 ora, infine scolatele nuovamente.
Mondate l'aglio, toglietene l'anima e portatelo a ebollizione in un pentolino con il latte di soia, poi scolatelo e strizzatelo bene e buttate il latte.
In un mixer frullate le alghe, i capperi, l'aglio strizzato, l'olio e il tamari, il sale e la panna di soia.

Servitela calda con un filo d'olio, in ciotoline di terracotta (con il lumino sotto, in modo tale che non si raffreddi) insieme alle verdure crude e cotte da intingervi, o semplicemente versatela sopra le verdure su un piatto da portata.

Senape

... si suppone essere nata in Francia. Nota sin dai tempi dei romani, che ne apprezzavano le proprietà antiossidanti e la usavano per conservare frutta, verdura, succhi di frutta e mosto di vino.

Ingredienti

✓ 300 ml di aceto di mele
✓ 7 cucchiai di semi di senape gialla
✓ 3 cucchiai di maizena
✓ 3 cucchiai di miele
✓ 1 cucchiaio di curcuma
✓ sale

Procedimento

Mescolate la senape con due pizzichi di sale, la curcuma e la maizena.

Amalgamate il miele con l'aceto e poco alla volta unite gli ingredienti in polvere, mescolando con una frusta fino a ottenere un composto omogeneo.

Coprite il composto, lasciatelo riposare e addensare per un giorno intero a temperatura ambiente, poi conservatelo in frigorifero.

Formaggi e latte vegetali

Le piante vengono in nostro aiuto, perché se il latte – alimento semplice nella sua forma, ma complesso nella sua sostanza – ci crea dei problemi, possiamo sostituirlo con quello vegetale… e di sapori ne abbiamo diversi a disposizione!

Lavorando i diversi tipi di latte vegetale possiamo anche realizzare in casa degli ottimi formaggi… lo so, sembra impossibile!

Formaggio di patate

...«Mangiare è una necessità. Mangiare intelligentemente è un'arte» (François de La Rochefoucauld).

Ingredienti

- ✓ 350 g di patate
- ✓ 40 g di farina
- ✓ ½ porro
- ✓ ½ cucchiaio di lievito alimentare in fiocchi
- ✓ ½ cucchiaio di agar agar
- ✓ 1 cucchiaino di vino bianco
- ✓ olio extravergine d'oliva
- ✓ sale
- ✓ pepe nero

Procedimento

Lavate e mondate le patate, tagliatele a pezzi e cuocetele a vapore, quindi schiacciatele con l'aiuto di una forchetta.
Mondate il porro e tagliatelo a rondelle sottili, fatelo soffriggere quindi unite la farina e fatela rosolare a fuoco basso.
Aggiungete le patate schiacciate alla farina e al porro, aiutandovi a impastare aggiungendo un poco di acqua, e mescolate continuamente.

Aggiungete il vino, un pizzico di sale e un pizzico di pepe.
Quando bollirà, aggiungete il lievito, precedentemente sciolto in una tazzina di acqua, e l'agar agar; mescolate bene e cuocete per 5 minuti.
Versate l'impasto in uno stampo oliato e mettetelo in frigo per 3 ore, fino a che si solidificherà.

Formaggio vegetale spalmabile

... il primo formaggio spalmabile parlava inglese: nato nel 1872 da William Lawrence, un lattaio statunitense di New York.
Più di un secolo dopo, una versione tutta nuova, e tutta vegetale!

Ingredienti
✓ 500 g di yogurt di soia
✓ 2 cucchiaini di sale fino

Procedimento
Mettete lo yogurt in una terrina e aggiungete il sale; mescolate bene e versate in un canovaccio bianco di cotone con sotto una ciotola, quindi lasciate scolare per una notte in frigorifero. Quando si sarà addensato potrà essere spalmato a piacere.

Mozzarella vegetale

... è buona e leggera. Utile in moltissime preparazioni!

Ingredienti

- ✓ 2 cucchiai di margarina vegetale (vedi ricetta a p. 167)
- ✓ 100 g di fecola di patate
- ✓ 120 ml di latte di soia (vedi ricetta a p. 187)
- ✓ 4 cucchiai di panna di soia
- ✓ 140 g di yogurt di soia al naturale
- ✓ sale
- ✓ olio extravergine d'oliva

Procedimento

Mettete in una pentola il latte e la fecola di patate, mescolate facendo sciogliere la fecola, poi aggiungete lo yogurt continuando a mescolare; quindi aggiungete 2 pizzichi di sale, la panna di soia e la margarina vegetale.

Mettete la pentola sul fuoco e mescolate continuamente fino a quando il composto risulterà denso, colloso e si staccherà dalle pareti; togliete la pentola dal fuoco e mescolate ancora qualche minuto.

Ungete due ciotole.

A questo punto lavorate il composto con le mani, dandogli la forma tipica della mozzarella, mettetelo nelle ciotole e riponetelo in frigorifero per 2 ore.

Parmigiano vegetale

... arricchisce in modo delicato qualsiasi piatto.

Ingredienti
- ✓ 50 g di lievito alimentare a scaglie
- ✓ 50 g di mandorle pelate
- ✓ sale
- ✓ olio extravergine d'oliva
- ✓ foglie di alloro

Procedimento

Tritate finemente le mandorle pelate, aggiungete il lievito alimentare a scaglie e lavorateli con un mixer aggiungendo un pizzico di sale e un poco di acqua fino a ottenere una crema densa.

Con le mani unte, date la forma al formaggio e lasciatelo asciugare su foglie di alloro, ungendolo ogni tanto.

Ricotta vegetale

...«Chi non bada a ciò che mangia difficilmente baderà a qualsiasi altra cosa» (Samuel Johnson).

Ingredienti

✓1 l di latte di soia (vedi ricetta a p. 187)
✓5 cucchiai di succo di limone
✓panna di soia

Procedimento

Fate bollire il latte e aggiungete il succo di limone, quindi spegnete il fuoco e continuate a mescolare fino a quando si formeranno dei fiocchi di latte.

Filtrate il composto con un colino e sciacquatelo velocemente sotto l'acqua corrente, quindi riempite un contenitore bucherellato in modo tale che il liquido in eccesso possa scolare; riponete in frigorifero e fate riposare per 24 ore.

Se desiderate una ricotta vegetale più densa, aggiungete un po' di panna di soia prima di scolare il composto.

Latte vegetale

... si può fare di soia, di riso, di avena, di mandorle, di farro o di miglio.

Latte di soia

Ingredienti
✓ 1 tazza di soia gialla
✓ acqua

Procedimento
Mettete in ammollo la soia gialla per circa 12/14 ore.
Scolate la soia dall'acqua di ammollo e frullatela con 1 tazza di acqua.
Fate bollire per 30 minuti la purea di soia in 5 tazze di acqua.
Filtrate con un colino rivestito da una garza sottile e dolcificate a piacere il latte ottenuto.

Latte di riso

Ingredienti

✓ 1 tazza di riso
✓ acqua

Procedimento

Fate bollire 10 tazze di acqua e mettetevi a cuocere il riso per 40 minuti. Una volta cotto, frullatelo con un frullatore a immersione, filtratelo con un telo o un colino e dolcificate a piacere il latte ottenuto.

Latte di avena

Ingredienti

✓ ½ tazza di avena decorticata
✓ acqua

Procedimento

Lavate l'avena sotto l'acqua corrente, mettetela in una pentola e cuocetela con 5 tazze di acqua per 50 minuti. Frullatela con un frullatore a immersione, aggiungete altre 5 tazze di acqua fredda e frullate ancora. Infine filtrate con un colino e dolcificate a piacere il latte ottenuto.

Latte di mandorle

Ingredienti

✓ 3 tazze di mandorle spellate
✓ acqua

Procedimento
Mettete a bollire le mandorle in una pentola con un po' di acqua per 30 minuti. Scolatele, asciugatele e frullatele. Aggiungete un po' di dolcificante.
Aggiungete poi 12 tazze di acqua e frullate il tutto; filtratelo con un colino schiacciando la polpa e dolcificate a piacere il latte ottenuto.

Latte di farro

Ingredienti
- ✓ ½ tazza di farro decorticato
- ✓ acqua

Procedimento
Lavate il farro sotto l'acqua corrente, mettetelo in una pentola e cuocetelo con 5 tazze di acqua per 50 minuti. Frullatelo con un frullatore a immersione, aggiungete altre 5 tazze di acqua e frullate ancora. Filtratelo con un colino e dolcificate a piacere il latte ottenuto.

Latte di miglio

Ingredienti
- ✓ ½ tazza di miglio
- ✓ acqua

Procedimento
Mettete il miglio in ammollo in acqua fredda per una notte, poi scolatelo e buttate l'acqua.

Fate bollire 10 tazze di acqua. Frullate il miglio e aggiungetelo all'acqua bollente; fatelo bollire per 30 minuti, poi filtratelo con un colino e dolcificate a piacere il latte ottenuto.

Pane

Più buono di quello comprato dal panettiere! Perché c'è un ingrediente segreto… l'amore!

Una canzone del 1982, pubblicata su 45 giri intonava: «Mangiare un panino, un bicchiere di vino è la felicità!».

Se si è distesi su un prato con gli amici si può rivelare un momento davvero felice, ma solo se si è sicuri di quello che si sta mangiando. Purtroppo i panettieri utilizzano tra i vari prodotti anche alcuni contenenti latte o formaggio, quindi non possono garantire al 100% la purezza del loro pane, pertanto farlo in casa con le proprie mani, mangiarlo subito o conservarlo nel freezer si può rivelare una valida e sicura soluzione.

Baguette

... le leggi francesi del cibo lo definiscono come «pane della tradizione francese», dalla forma molto allungata e dalla crosta croccante. La forma venne adottata in Francia nell'ottobre del 1920, quando una legge vietò ai fornai di lavorare prima delle quattro, rendendo impossibile cucinare le tradizionali pagnotte rotonde in tempo per la colazione dei clienti: la baguette risolse il problema perché può essere preparata in breve tempo e richiede una cottura meno lunga.

Ingredienti
✓ 500 g di farina tipo "0"
✓ 7 g di lievito di birra
✓ zucchero semolato
✓ olio extravergine d'oliva
✓ 12 g di sale

Cottura: in forno preriscaldato a 250° per 15 minuti, poi 170° per 50 minuti.

Procedimento
In un recipiente versate 500 ml di acqua tiepida, un pizzico di zucchero, il sale e sciogliete il lievito con l'aiuto di 1 cucchiaio di legno.

Impastate 60 g di farina con il lievito sciolto: una volta pronto l'impasto realizzate una palla, mettetela in una terrina con 150 ml di acqua, e lasciate riposare per 20 minuti.
A questo punto, aggiungete la farina e impastate per 15 minuti, ripiegando l'impasto su sé stesso. Coprite l'impasto con uno strofinaccio umido e lasciatelo lievitare fino al doppio del suo volume.
Riscaldate il forno con all'interno un pentolino con dell'acqua.
Preparate un'emulsione con 3 cucchiai di acqua e 3 cucchiai di olio.
Lavorate ancora l'impasto per qualche minuto e dividetelo in 3 parti realizzando le baguette. Disponetele sulla teglia coperta da carta da forno, realizzate dei tagli obliqui sulle baguette, spennellatele con l'emulsione di acqua e olio, e infornatele insieme al pentolino di acqua.
Finito il tempo di cottura, lasciatele in forno fino a quando si saranno raffreddate.

Cornetti di pane alle cipolle

... le cipolle danno quel sapore dolce e intenso che li rendono irresistibili!

Ingredienti
- ✓150 g di maizena
- ✓100 g di farina bianca di mais
- ✓100 g di farina di grano saraceno
- ✓4 cipolle bianche
- ✓15 g di lievito di birra
- ✓olio extravergine d'oliva
- ✓sale

Cottura: in forno preriscaldato a 190° per 20 minuti.

Procedimento
In un recipiente versate 200 ml di acqua tiepida e sciogliete il lievito con l'aiuto di un cucchiaio di legno.
In una terrina capiente versate le farine, aggiungete un pizzico di sale, 2 cucchiai di olio d'oliva e l'acqua con il lievito. Impastate bene gli ingredienti con le mani fino a ottenere un impasto liscio ed elastico, quindi copritelo con uno strofinaccio umido e lasciatelo lievitare in un ambiente caldo per circa 2 ore.

Preriscaldate il forno; nel frattempo tritate le cipolle e fatele rosolare in padella con 1 bicchiere di acqua. Una volta che l'acqua si sarà asciugata aggiungete 2 cucchiai di olio e fatele rosolare.
Trascorso il tempo di lievitazione, stendete l'impasto con l'aiuto di un mattarello, ottenendo un disco che dividerete in 8 spicchi, quindi farcite ogni spicchio con le cipolle e arrotolate ogni spicchio su se stesso, ottenendo 8 cornetti.
Disponeteli su una placca rivestita con carta da forno, spennellateli con un poco di olio e lasciateli lievitare altri 30 minuti, quindi infornateli.

Girelle di pane ai pomodori secchi

... perché considerare il pane un cibo monotono? Con qualche tocco di sapore lo si può rendere parte del piatto.

Ingredienti
✓ 250 g di farina di miglio
✓ 100 g di farina di soia
✓ 15 pomodori secchi
✓ 15 g di lievito di birra
✓ 200 ml di acqua
✓ 1 limone
✓ olio extravergine d'oliva
✓ sale

Cottura: in forno preriscaldato a 190° per 20 minuti.

Procedimento
In un recipiente versate 1 bicchiere di acqua tiepida e sciogliete il lievito con l'aiuto di un cucchiaio di legno.
In una terrina capiente versate le farine, aggiungete un pizzico di sale, 2 cucchiai di olio e l'acqua con il lievito.
Impastate bene gli ingredienti con le mani fino a ottenere un impasto liscio ed elastico, quindi copritelo con uno strofi-

naccio umido e lasciatelo lievitare in un ambiente caldo per circa 2 ore.
Preriscaldate il forno.
Nel frattempo tritate grossolanamente i pomodori secchi mescolandoli alla scorza grattugiata del limone.
Trascorso il tempo di lievitazione unite i pomodori all'impasto e dividetelo realizzando dei cilindri lunghi, simili a grissini, quindi arrotolateli su loro stessi, ottenendo delle girelle.
Disponeteli su una placca rivestita con carta da forno e lasciateli lievitare altri 30 minuti, quindi infornateli.

Grissini al sesamo

... mia mamma adora i grissini! Se poi sono appena sfornati, ancora caldi, non può proprio resistere, e non può resistere nemmeno a questi!

Ingredienti
- ✓ 300 g di farina tipo "0"
- ✓ 200 g di farina di kamut
- ✓ 100 g di sesamo
- ✓ 1 cucchiaio di malto di riso
- ✓ 15 g di lievito di birra
- ✓ 280 ml di acqua
- ✓ olio extravergine d'oliva
- ✓ sale

Cottura: in forno preriscaldato a 170° per 30 minuti.

Procedimento
In un recipiente versate l'acqua tiepida e sciogliete il lievito con l'aiuto di un cucchiaio di legno.
In una terrina capiente unite le farine, i semi di sesamo, 2 pizzichi di sale, il malto di riso, mescolate gli ingredienti e versate un filo d'olio d'oliva e l'acqua con il lievito.

Impastate bene gli ingredienti con le mani fino a ottenere un impasto liscio; coprite l'impasto con uno strofinaccio umido e lasciatelo riposare in un ambiente caldo fino al doppio del suo volume.
Preparate una placca rivestita di carta da forno e realizzate dei cilindri sottili di pasta di ugual misura, evitando di disporli troppo vicini tra loro, perché non si attacchino durante la lievitazione in cottura.
Una volta cotti e fatti raffreddare, sarà possibile conservarli dentro un sacchetto di carta.

Pane di kamut

... un pane leggero e fragrante.

Ingredienti
- ✓ 1 kg di farina di kamut
- ✓ 25 g di lievito di birra
- ✓ 2 cucchiaini di zucchero semolato
- ✓ 500 ml di acqua
- ✓ olio extravergine d'oliva
- ✓ sale

Cottura: in forno preriscaldato a 180° per 45 minuti. Per controllare che le pagnotte siano cotte, sollevatele e verificate che la parte inferiore sia dura.

Procedimento
In un recipiente versate l'acqua tiepida e sciogliete il lievito con l'aiuto di un cucchiaio di legno.
In una terrina capiente versate la farina di kamut, aggiungete un pizzico di sale e lo zucchero, mescolate gli ingredienti, versate un filo d'olio e l'acqua con il lievito.
Impastate bene gli ingredienti con le mani fino a ottenere un impasto liscio, coprite la terrina con uno strofinaccio umido e lasciatelo riposare in un ambiente caldo per circa 2 ore.

Preparate una placca rivestita di carta da forno e formate 2 pagnotte grandi, di ugual misura; realizzate su ognuna due tagli con un coltello, e ricoprite nuovamente con lo strofinaccio per altri 15 minuti.
Nel frattempo, fate scaldare il forno inserendo al suo interno un pentolino con dell'acqua che dovrete togliere al momento di infornare.
Bagnate con qualche goccia di acqua le pagnotte e infornatele.

Pane pita

... da un viaggio in Turchia non rimangono solo immagini bellissime, ma anche sapori indimenticabili.

Ingredienti
- ✓ 500 g di farina "0"
- ✓ 2 cucchiaini di sale
- ✓ 20 g di lievito di birra
- ✓ 300 ml di acqua
- ✓ olio extravergine d'oliva

Cottura: in forno preriscaldato a 250° per 10 minuti, fino a quando saranno dorati.

Procedimento
In un recipiente versate l'acqua tiepida e sciogliete il lievito con l'aiuto di un cucchiaio di legno.
In una terrina capiente versate la farina, aggiungete il sale, un filo d'olio e l'acqua con il lievito.
Impastate bene gli ingredienti con le mani fino a ottenere un impasto liscio, quindi realizzate dei dischi di 12/14 cm di diametro e copriteli con uno strofinaccio umido lasciandoli lievitare per 35 minuti.

Preriscaldate il forno con all'interno la leccarda: quando il forno sarà caldo e sarà trascorso il tempo di lievitazione, appoggiate la carta da forno con i dischi di pasta direttamente sulla leccarda calda e cuoceteli per 10 minuti circa (fino a quando saranno dorati).
Una volta cotti metteteli ancora caldi in un sacchetto di carta, che a sua volta andrà chiuso in uno di plastica, e lasciateli raffreddare.

Piadina

... avendo radici ferraresi non poteva mancare una piadina con il quale mangiare un buon prosciutto crudo.

Ingredienti

✓ 1 kg di farina tipo "0"
✓ ½ cucchiaino di bicarbonato da cucina
✓ ½ bicchiere di olio extravergine d'oliva
✓ ½ bicchiere di acqua
✓ sale

Procedimento

Impastate tutti gli ingredienti insieme fino a ottenere un impasto abbastanza sodo.
Dividete la pasta in palline e distendete l'impasto con l'aiuto di un mattarello sopra una spianatoia precedentemente infarinata, realizzando dei dischi di circa ½ cm di altezza.
Ungete leggermente una padella antiaderente con fondo piatto, scaldatela e appoggiateci sopra un disco di pasta, avendo cura di bucherellare la pasta con l'aiuto di una forchetta.
Con un coltello a lama lunga rigirate il disco di pasta facendolo cuocere su entrambi i lati, quindi farcite la piadina a piacere.

Pizza farcita

... a Monte Argentario, più precisamente a Porto Ercole, ne hanno fatto un vero e proprio piatto locale, che merita l'attesa necessaria alla sua preparazione, ma che è ancora più buono il giorno dopo.

Ingredienti

✓ 1 kg di farina tipo "0"
✓ 50 g di lievito di birra
✓ zucchero semolato
✓ 5 cipolle bianche
✓ 10 filetti di acciughe salate e spinate
✓ olio extravergine d'oliva
✓ sale

Cottura: in forno preriscaldato a 250° per 20 minuti.

Procedimento

Fate sciogliere il lievito in 500 ml di acqua tiepida con l'aiuto di un cucchiaio di legno.
Su una spianatoia fate una fontana con la farina, al centro aggiungete l'acqua e il lievito poco alla volta, facendo in modo che la farina assorba l'acqua. Quindi aggiungete anche 2 cuc-

chiai di olio, 1 cucchiaino di sale e 1 cucchiaio di zucchero e impastate bene tutti gli ingredienti. Infine formate delle palline di pasta e lasciatele lievitare per 3 ore in un ambiente caldo, coperte da uno strofinaccio umido.
Nel frattempo, mondate le cipolle e tagliatele a pezzetti, mettetele in una padella di ceramica con 2 cucchiai di olio e un goccio di acqua, e lasciatele cuocere fino a quando si appassiranno e saranno ben dorate.
Trascorso il tempo di lievitazione, stendete con le dita una pallina di pasta su una teglia ben unta, quindi distribuitevi sopra le cipolle e aggiungetevi qualche filetto di acciuga. Spianate un'altra pallina di pasta e appoggiatela sopra le cipolle, avendo cura di unire bene i bordi delle due paste.
Bucherellate la pasta aiutandovi con una forchetta, ungete tutta la superficie della pasta e spolverate con un pizzico di sale. Aspettate 15 minuti prima di infornarla.

Scrocchiarella

... in tanti hanno provato a copiarla, ma in pochi ci sono riusciti.

Ingredienti
✓500 g di farina tipo "0"
✓10 g di lievito di birra
✓300 ml di acqua
✓olio extravergine d'oliva
✓sale

Cottura: in forno preriscaldato a 250° per 15 minuti.

Procedimento
In un recipiente versate l'acqua tiepida e sciogliete il lievito con l'aiuto di un cucchiaio di legno.
In una terrina capiente versate la farina, aggiungete 2 cucchiaini di sale, un filo d'olio d'oliva e l'acqua con il lievito.
Preriscaldate il forno e nel frattempo impastate bene gli ingredienti con le mani fino a ottenere un impasto liscio, quindi spianate l'impasto il più sottile possibile con l'aiuto di un mattarello. Disponetelo su una placca ben unta, e ungete bene anche la superficie della pasta, salandola.
Infornate e cuocete fino a che sarà ben dorata e croccante.

Dolci

… questi sconosciuti che finalmente possono deliziare anche il nostro palato!

Andando fuori a cena in un ristorante qualsiasi, di una qualsiasi città, o semplicemente guardando la vetrina di una pasticceria si impara presto che non esiste quasi nessun dolce che un allergico si possa permettere di gustare. Ma seguendo queste ricette le sue papille gustative potranno deliziarsi di nuovo di sapori che pensava impossibili e ormai perduti!

Non solo, queste ricette, non contenendo grassi, posso essere una dolce concessione anche per coloro che si attengono a un rigido regime alimentare!

Apple pie

... quando stavo a New York ne mangiavo una fetta calda tutte le mattine con accanto una mug di caffè alle nocciole. Squisita!

Ingredienti
- ✓ 500 g di farina di tipo "0"
- ✓ 3 cucchiai di maizena
- ✓ 300 g di margarina vegetale (vedi ricetta a p. 167)
- ✓ 1 cucchiaino di sale
- ✓ 50 g di zucchero a velo
- ✓ 1 kg di mele Royal Gala
- ✓ 110 g di zucchero di canna
- ✓ 1 cucchiaio di cannella in polvere
- ✓ 1 limone
- ✓ olio di semi

Cottura: in forno preriscaldato a 180° per 45 minuti.

Procedimento
Lavorate 250 g di margarina vegetale con la farina, il sale e lo zucchero a velo, poi incorporate 7 cucchiai di acqua fredda fino a ottenere una pasta liscia ed elastica. Avvolgetela quindi nella pellicola e mettetela in frigorifero per 30 minuti.

Mondate e tagliate le mele a pezzi e mescolatele insieme a 100 g di zucchero di canna, alla cannella e al succo del limone, infine aggiungete la maizena.
In una pentola fate sciogliere 50 g di margarina vegetale: quando inizierà a soffriggere versatevi le mele e fatele cuocere fino a quando saranno dorate.
Ungete e infarinate una tortiera.
Dividete la pasta in due parti uguali, stendetela con l'aiuto di un matterello formando due dischi abbastanza grandi in modo che fuoriescano un pochino dalla tortiera.
Rivestite la tortiera con uno dei due dischi e bucherellatelo con una forchetta, versatevi la farcitura e ricoprite con il secondo disco, pizzicando i bordi dei due dischi per chiudere la torta.
Praticate delle piccole incisioni sul disco di copertura, spennellatelo con l'olio, spolveratelo con lo zucchero di canna rimasto, infornate e poi lasciate raffreddare per 2 ore prima di servirla.

Baci di dama

... la frolla friabile, la cioccolata intensa, mangiati in un sol boccone o divisi a metà (ognuno ha la sua tecnica!), sono comunque irresistibili!

Ingredienti
- ✓ 300 g di farina tipo "0"
- ✓ 300 g di nocciole spellate
- ✓ 200 g di zucchero semolato
- ✓ 300 g di margarina vegetale (vedi ricetta a p. 167)
- ✓ 1 bustina di lievito per dolci
- ✓ 1 uovo
- ✓ 100 g di cacao amaro
- ✓ 100 g di cacao zuccherato

Cottura: in forno preriscaldato a 170° per 30 minuti.

Procedimento
Tritate le nocciole finemente.
In un pentolino, sciogliete 200 g di margarina vegetale a fuoco basso.
In una terrina, unite la farina con le nocciole tritate, lo zucchero, la margarina fusa, il lievito e l'uovo; amalgamate il tut-

to e lasciate riposare l'impasto in frigorifero per 30 minuti, avvolto nella pellicola.
Dall'impasto realizzate delle piccole sfere e disponetele su una teglia rivestita con carta da forno. Una volta cotte e dorate fatele raffreddare.
Quando le sfere saranno raffreddate realizzate la farcitura.
Per realizzare la farcitura sciogliete la margarina vegetale rimasta a fuoco basso, quindi unite il cacao amaro, quello zuccherato e mescolate fino a ottenere una crema densa e omogenea.
Prendete una semisfera e spalmate nella parte piatta un po' di crema al cacao. Chiudete il bacio di dama con un'altra semisfera e mettete in frigorifero per 15 minuti. Poi conservateli in una biscottiera.

Biscotti integrali carote e mandorle

... croccanti e nutrienti! Non necessariamente un dolce deve essere qualcosa da guardare con sospetto.

Ingredienti
- ✓ 120 g di carote
- ✓ 120 g di farina di grano saraceno
- ✓ 50 g di farina di riso
- ✓ 20 g di fecola di patate
- ✓ 50 g di zucchero di canna
- ✓ 100 g di mandorle pelate
- ✓ 1 limone
- ✓ ½ bustina di lievito per dolci
- ✓ ½ bicchiere di latte di riso (vedi ricetta a p. 188)
- ✓ 30 ml di olio extravergine d'oliva
- ✓ cannella
- ✓ sale

Cottura: in forno preriscaldato a 170° per 15 minuti.

Procedimento
Unite le farine, la fecola di patate, il lievito, lo zucchero e un pizzico di sale.

Tritate le carote e le mandorle in un mixer, poi unitele agli ingredienti secchi precedentemente mischiati e alla scorza di limone grattugiata.
Versate il tutto su un piano di lavoro formando una fontana: nel centro versate il latte di riso a temperatura ambiente, l'olio e una spolverata di cannella. Impastate fino a ottenere un composto morbido, poi avvolgetelo in un panno e lasciatelo riposare in frigorifero per 1 ora.
Realizzate quindi delle palline e infornatele.

Biscotti pinoli e uvetta

... con Marta, la mia migliore amica d'infanzia, passavamo i pomeriggi a preparare questi biscotti, divertendoci a ridurre la cucina un vero disastro, impastando, rubacchiando i pinoli, e aspettando con ansia che uscissero fumanti dal forno. Dolci ricordi!

Ingredienti
- ✓ 300 g di farina di tipo "0"
- ✓ 250 g di margarina vegetale (vedi ricetta a p. 167)
- ✓ 100 g di zucchero semolato
- ✓ 100 g di uvetta
- ✓ 50 g di pinoli
- ✓ 1 bustina di lievito vanigliato
- ✓ 1 uovo
- ✓ 4 cucchiai di latte di avena (vedi ricetta a p. 188)

Cottura: in forno preriscaldato a 180° per 15 minuti.

Procedimento
Mettete l'uvetta in ammollo in una ciotola di acqua fredda per 15 minuti.
Sbattete lo zucchero con l'uovo, quindi unite il latte di avena e la margarina vegetale a temperatura ambiente, i pinoli e

l'uvetta strizzata, la farina, il lievito e impastate. Lasciate riposare l'impasto in frigorifero per 10 minuti, poi realizzate delle palline grandi come noci e infornatele.

Brownies

*... tipico dessert della cucina statunitense chiamato così per via del suo colore scuro (*brown*, marrone). Esistono varie versioni sull'origine del dolce: una racconta di un cuoco sbadato che dimenticò di mettere il lievito nella torta al cioccolato che stava preparando, un'altra che fu la richiesta di un dessert che non sporcasse le mani e da poter riporre nelle scatole da pranzo. Di sicuro è una buona dose di serotonina!*

Ingredienti

✓ 150 g di farina tipo "0"
✓ 300 g di cacao dolce
✓ 150 g di margarina vegetale (vedi ricetta a p. 167)
✓ 60 g di olio di girasole
✓ 250 g di zucchero di canna
✓ 1 bustina di vanillina
✓ 6 uova
✓ ½ cucchiaino di sale

Cottura: in forno preriscaldato a 180° per 20 minuti.

Procedimento

In un pentolino fate sciogliere la margarina vegetale a fuoco basso, quindi aggiungete il cacao fino a ottenere una crema liscia.

Sbattete 3 uova e 3 tuorli, l'olio, lo zucchero e la vanillina, quindi mescolateli insieme alla farina e al sale. Poi incorporate il composto di cioccolato.

Ungete e infarinate lo stampo, versate l'impasto e infornate.

Budino all'uva

… *«di settembre, l'uva rende e il fico pende».*

Ingredienti

✓ 500 g di uva nera da tavola
✓ 3 cucchiai di maizena
✓ 4 cucchiai di malto di riso
✓ 1 stecca di vaniglia

Procedimento

Cuocete in pentola con il coperchio gli acini d'uva con 2 bicchieri di acqua e la stecca di vaniglia per 15 minuti.

Togliete la stecca di vaniglia e passate l'uva nel passaverdure per ottenere il succo.
Sciogliete la maizena con un po' di succo d'uva mescolando con una frusta; aggiungete il resto del succo, rimettete sul fuoco e portate a bollore mescolando continuamente, quindi cuocete per 3 minuti.
Versate il composto in ciotoline e riponetelo in frigorifero per 4 ore per farlo addensare.

Budino di caffè senza caffeina

... il caffè usato in questa ricetta è il caffè yannoh, un caffè di cereali totalmente privo di caffeina, composto comunemente da orzo, segale, frumento e ceci.

Ingredienti

- ✓ 500 ml di latte di mandorle (vedi ricetta a p. 188)
- ✓ 1 cucchiaio di caffè yannoh in polvere
- ✓ 2 cucchiai di farina di riso
- ✓ 4 cucchiai di malto di riso
- ✓ sale
- ✓ cannella in polvere

Procedimento

Portate a ebollizione il latte di mandorle con il caffè e un pizzico di sale, mescolando per 2 minuti. Filtrate il tutto con un colino e un canovaccio bianco, e lasciate intiepidire (con il caffè solubile non è necessario filtrare).

Una volta tiepido, stemperate la farina di riso con un po' di latte e caffè, poi aggiungete poco alla volta il latte e il caffè rimasto, il malto e rimettete sul fuoco continuando a mescolare. Quanto comincerà a bollire, lasciate cuocere per 2 minuti.

Versate il composto nelle ciotoline e lasciatelo addensare in frigorifero per almeno 4 ore.
Al momento di servire, spolverate i budini con la cannella.

Cioccolata in tazza

... è una bevanda dolce a base di latte, zucchero e cacao, talmente buona e delicata che divenne velocemente molto popolare nelle case nobili d'Europa, dopo che nel vecchio continente arrivò la pianta di cacao, proveniente dalle Americhe. Ma oggi non ha età, né ceto sociale!

Ingredienti

- ✓ 2 cucchiai di cacao amaro
- ✓ 2 cucchiai di zucchero a velo
- ✓ 2 cucchiai di fecola di patate
- ✓ 250 ml di latte di soia (vedi ricetta a p. 187)
- ✓ marshmallow (vedi ricetta a p. 247)

Procedimento

Mescolate in un pentolino il cacao e la fecola con poco latte, facendo sciogliere bene il cacao. Mettete il tutto sul fuoco a fiamma bassa, e continuando a mescolare aggiungete poco alla volta il latte rimanente; infine aggiungete lo zucchero a velo, e portate a ebollizione fino a quando avrà raggiunto la densità che si desidera.

Servite calda, e per una maggiore dolcezza lasciate sciogliere dentro qualche marshmallow!

Colomba

... un dolce pasquale buono e leggero.

Ingredienti

- ✓ 200 g di farina manitoba
- ✓ 100 g di fecola di patate
- ✓ 15 g di lievito di birra
- ✓ 150 g+10 g di malto di riso
- ✓ 1 limone
- ✓ 1 arancia
- ✓ 1 bustina di vanillina
- ✓ 50 g di latte di soia (vedi ricetta a p. 187)
- ✓ 6 g di uvetta
- ✓ 70 g di olio di girasole
- ✓ 1 cucchiaino di marsala
- ✓ 1 banana
- ✓ 40 g di mandorle spellate
- ✓ 40 g di nocciole spellate
- ✓ 30 g di zucchero di canna
- ✓ mandorle spellate a scaglie
- ✓ sale

Cottura: in forno preriscaldato a 160° per 50 minuti.

Procedimento

Scaldate il forno a 60°.

Mescolate in una ciotola la farina e la fecola di patate.

A parte sciogliete il lievito con un goccino di acqua tiepida.

Togliete 50 g dal composto di farina e fecola, unite al lievito e impastate. Mettete la palla di impasto nel forno, spegnetelo e lasciatelo leggermente aperto, fino a quando non avrà raddoppiato il suo volume.

Frullate la banana.

Scaldate leggermente il latte di soia.

Una volta che l'impasto avrà raddoppiato il suo volume aggiungete 200 g di farina e fecola, il latte di soia tiepido, la buccia di ½ limone e di ½ arancia, la vanillina, la banana frullata, un pizzico di sale e impastate fino a ottenere un composto liscio.

Rimettete la palla di impasto nel forno tiepido fino a quando non avrà raddoppiato il suo volume.

Mettete in ammollo l'uvetta per qualche minuto.

Spremete l'arancia.

Mescolate 150 g di malto con 1 cucchiaio di succo di arancia, il marsala, l'olio e aggiungeteli all'impasto.

Aggiungete anche l'uvetta strizzata bene e il misto di farina e fecola avanzato, quindi impastate.

Cercate di impastare aggiungendo poca farina alla volta, in modo da ottenere un impasto molto morbido, ma che possa essere maneggiato senza attaccarsi alle mani.

Trasferite l'impasto nello stampo da colomba riempiendolo per ¾.

Lasciate riposare e preparate la glassa.

Con l'aiuto di un frullatore riducete in farina le mandorle e le nocciole. Unite 20 g di zucchero, il succo di arancia rimasto, il malto rimasto e frullate bene. Spalmate la glassa sulla

colomba in modo uniforme e decorate con qualche scaglietta di mandorla. Spolverate con lo zucchero di canna rimasto e lasciate lievitare ancora 1 ora nel forno riscaldato.
Al termine della lievitazione l'impasto dovrebbe aver raggiunto il bordo dello stampo.
Infornate e una volta cotta lasciatela raffreddare.

Cookies

... passeggiando per le vie di qualsiasi piccola cittadina o metropoli del mondo mi sono fatta accompagnare da questi grandi biscotti al cioccolato, friabili e profumatissimi.

Ingredienti

✓ 250 g di farina tipo "0"
✓ ½ cucchiaino di bicarbonato
✓ 1 bustina di vanillina
✓ 50 g di margarina vegetale (vedi ricetta a p. 167)
✓ 50 g di olio di semi
✓ 125 g di zucchero semolato
✓ 125 g di zucchero di canna
✓ 1 uovo
✓ 100 g di cacao amaro

Cottura: in forno preriscaldato a 190° per 20 minuti.

Procedimento

Scaldate un dito di acqua in un pentolino e mescolate aggiungendo il cacao. Una volta ottenuto un composto denso, realizzate gocce di cioccolato su un foglio di carta da forno e mettetele in freezer per circa 1 ora per farle indurire.

In una ciotola sbattete l'uovo con lo zucchero di canna e con quello semolato.
In un pentolino sciogliete la margarina vegetale a fuoco basso, fatela raffreddare e unitela alla farina, alla vanillina, all'olio e al bicarbonato, infine unite le gocce di cioccolato.
Realizzate dei grandi dischi di impasto su una teglia, quindi infornate.

Coppette dolci di riso

... il riso in ogni sua forma.

Ingredienti

✓ 50 g di margarina vegetale (vedi ricetta a p. 167)
✓ 50 g di farina di riso
✓ 100 g di zucchero semolato
✓ 1 uovo
✓ 1 banana
✓ 1 mela rossa
✓ 1 arancia

Cottura: in forno preriscaldato a 200° per 4 minuti.

Procedimento

Mondate e tagliate la frutta a pezzi piccoli e conditela con 50 g di zucchero.
Sciogliete la margarina vegetale a fuoco basso e montatela fino a ottenere una crema, poi aggiungete la farina di riso, lo zucchero rimanente e l'albume dell'uovo.
Con un cucchiaio versate il composto su carta da forno formando dei dischi e infornate.

Passato il tempo di cottura, sfornateli e sistemateli su coppette capovolte (saranno morbidi e malleabili). Quando si saranno raffreddati staccateli delicatamente.
Riempite le coppette così formate con la frutta e servite.

Croissant di farro

... magari non si potrà andare al bar a fare colazione portandosi da casa il proprio croissant, ma per una bella colazione a casa sono perfetti!

Ingredienti
- ✓ 250 g di farina di farro
- ✓ 100 g di margarina vegetale (vedi ricetta a p. 167)
- ✓ 50 g di zucchero di canna
- ✓ 100 ml di latte di soia (vedi ricetta a p. 187)
- ✓ 13 g di lievito di birra
- ✓ marmellata per farcire
- ✓ olio di soia

Cottura: in forno preriscaldato a 180° per 15 minuti.

Procedimento
Mescolate in una terrina la farina di farro e lo zucchero.
Sciogliete la margarina vegetale in un pentolino a fuoco basso.
Scaldate il latte di soia senza farlo bollire, aggiungete il lievito e fatelo sciogliere mescolando velocemente.
Unite il tutto e impastate fino a ottenere un impasto liscio, avvolgetelo nella pellicola e mettetelo a riposare 2 ore in fri-

gorifero. Con l'aiuto di un mattarello realizzate dei dischi di pasta, tagliateli in 8 fette e nel mezzo mettete 1 cucchiaino di marmellata. Arrotolateli su sé stessi e spennellateli con l'olio, metteteli su una teglia rivestita di carta da forno e lasciateli riposare per altre 2 ore prima di infornarli.
Una volta cotti, lasciateli raffreddare nel forno spento.

Crostatine fragole e cioccolato

... ideali per la colazione o per un tè pomeridiano.

Ingredienti
- ✓ 150 g di farina di riso
- ✓ 150 g di fumetto di mais
- ✓ 1 bustina di lievito cremor tartaro
- ✓ bicarbonato
- ✓ 80 g di zucchero di canna
- ✓ 1 bustina di vanillina
- ✓ 200 ml di latte di riso (vedi ricetta a p. 188)
- ✓ 80 ml di olio di semi di girasole
- ✓ fragole
- ✓ 50 g di zucchero a velo
- ✓ 100 g di cacao amaro
- ✓ 100 g di cacao zuccherato
- ✓ 250 ml di acqua

Cottura: in forno preriscaldato a 180° per 20 minuti.

Procedimento

Unite la farina di riso, la farina di mais, il lievito, una punta di cucchiaino di bicarbonato, lo zucchero e la vanillina, aggiungete poco alla volta il latte di riso e poi l'olio.

Impastate per bene gli ingredienti fino a che otterrete una pasta liscia e morbida, quindi lasciatela riposare 30 minuti nel frigorifero avvolta nella pellicola trasparente.

Ungete le tortiere, infarinatele e stendeteci l'impasto, bucherellate la base delle crostatine con una forchetta, infornatele coprendole con un foglio di carta stagnola con sopra qualche legume secco per evitare che si gonfino. Una volta cotte, fatele raffreddare completamente prima di farcirle con le fragole.

Mondate e tagliate le fragole, saltatele in padella qualche minuto con qualche cucchiaio di zucchero a velo, lasciatele raffreddare e versatene qualche cucchiaiata nelle crostatine.

Mettete sul fuoco 200 ml di acqua, portatela a bollore poi aggiungete il cacao amaro, quello zuccherato e 50 g di zucchero a velo, mescolando continuamente con una frusta fino a ottenere una crema omogenea, rovesciatene qualche cucchiaio sulle fragole, coprendole completamente.

Infine riponetele in frigorifero per far addensare la cioccolata.

Gelatine

… *«la scoperta di un piatto nuovo è più preziosa per il genere umano che la scoperta di una nuova stella» (Anthelme Brillat-Savarin).*

Ingredienti
- ✓ 300 g di albicocche mature snocciolate
- ✓ 200 ml di succo di mela limpido
- ✓ 2 cucchiaini di agar agar in polvere
- ✓ 3 cucchiai di malto di riso
- ✓ ½ cucchiaino di cannella
- ✓ sale

Procedimento
Tagliate le albicocche a pezzettini e trasferitele in un pentolino con il succo di mela, la cannella e un pizzico di sale, cuocete per circa 15 minuti parzialmente coperto.
A fine cottura frullate le albicocche e aggiungete il malto.
In una tazzina di acqua fredda sciogliete l'agar agar e poi aggiungetela alle albicocche mescolando con una frusta.
Rimettete sul fuoco, portate a ebollizione e cuocete per 2 minuti mescolando continuamente.
Versate il composto in stampini piccoli e lasciatelo addensare in frigorifero per almeno 4 ore. Poi conservate le gelatine in frigorifero.

Gelato al cioccolato

... un gusto intenso, fresco, che appaga il palato e lo spirito.

Ingredienti

✓200 ml di latte di riso
✓200 ml di panna di soia
✓150 g di cacao amaro
✓300 g di malto di riso
✓cannella
✓nocciole spellate

Procedimento

Portate a ebollizione il latte di riso e scioglietevi il cacao. Togliete dal fuoco e aggiungete la panna di soia e il malto. Quando si sarà raffreddato mettetelo in freezer e mescolatelo ogni 30 minuti. Ci vorranno 4-5 ore, quindi 8-10 mescolate. Tritate le nocciole grossolanamente e tostatele in padella qualche minuto.

Servite il gelato con una bella spolverata di cannella e le nocciole tostate.

Kanten

… chiamarla gelatina di frutta è riduttivo perché ha molte proprietà: lubrifica l'intestino, aiuta il corpo a rilassarsi, stimola la tiroide grazie al contenuto di iodio e aumenta il metabolismo con un piacevole effetto dimagrante.

Ingredienti

✓ 1 l di succo di mela filtrato
✓ 2 cucchiai di agar-agar in polvere
✓ 250 g di frutta di stagione
✓ 2 cucchiai di malto di riso
✓ sale

Procedimento

Tagliate la frutta a pezzettini.
In un pentolino sciogliete l'agar-agar nel succo di mela, aggiungete un pizzico di sale e il malto di riso e portate a ebollizione. Cuocete per 2-3 minuti e aggiungete la frutta precedentemente tagliata mescolando continuamente.
Versate il composto nelle pirottine e lasciatelo raffreddare in frigorifero per almeno 1 ora.
Se volete potete anche frullare la gelatina per ottenere una mousse di frutta molto fresca.

Marshmallow

... zucchero, zucchero, e ancora zucchero che si scioglie in bocca, o in una bella tazza di cioccolata calda.

Ingredienti

- ✓ 40 g di gelatina
- ✓ 120 ml di acqua
- ✓ 750 g di zucchero semolato
- ✓ 1 limone
- ✓ 2 uova
- ✓ 1 cucchiaino di vanillina
- ✓ 150 g di zucchero a velo
- ✓ 75 g di maizena
- ✓ olio di mais
- ✓ sale

Procedimento

Preparate lo sciroppo di glucosio mettendo in una pentola 300 g di zucchero, 150 ml di acqua e 1 cucchiaio di succo di limone, mescolate rapidamente e mettete sul fuoco a fiamma bassa, quindi senza mescolare attendete fino al bollore, e poi lasciatelo sobbollire fino a quando lo sciroppo si sarà addensato.

Trasferitelo ancora caldo in un vasetto di vetro, fatelo raffreddare e conservatelo in frigorifero.
Nel frattempo unite lo zucchero a velo e la maizena; ungete una teglia da forno e cospargete la superficie con ¾ di zucchero a velo e maizena.
Mettete la gelatina in un recipiente con poco acqua e fatela sciogliere; quindi incorporatela al composto.
Scaldate 120 ml di acqua con lo zucchero rimasto e 175 g di sciroppo di glucosio; portateli a ebollizione continuando a mescolare, quindi abbassate il fuoco e lasciate sobbollire per 15 minuti.
Strizzate la gelatina dall'acqua e incorporatela al composto con l'aiuto di una forchetta.
Versate il composto nel mixer e montatelo fino a quando avrà raddoppiato il suo volume.
Montate gli albumi a neve con un pizzico di sale e incorporateli delicatamente al composto, aggiungendo anche la vanillina, mescolando delicatamente dal basso verso l'alto per evitare che gli albumi si smontino.
Versatelo in uno stampo e cospargetelo di zucchero e maizena avanzati, lasciatelo riposare per 5 ore a temperatura ambiente e poi tagliatelo a cubetti.
Se dovessero avanzare, conservateli in frigorifero!

Mini-muffin al cioccolato

... piccoli e dolci al punto giusto.

Ingredienti

✓ 100 g di farina di riso
✓ 20 g di fumetto di mais
✓ 30 g di amido di mais
✓ 60 g di cacao amaro
✓ 70 g di zucchero semolato
✓ 1 bustina di lievito per dolci
✓ 1 bustina di vanillina
✓ 25 g di olio di mais
✓ 150 ml di latte di riso (vedi ricetta a p. 188)
✓ sale
✓ zucchero a velo

Cottura: in forno preriscaldato a 160° per 20 minuti.

Procedimento

Amalgamate le farine, l'amido di mais, un pizzico di sale, il cacao, lo zucchero, la vanillina e il lievito.
Aggiungete l'olio e poco alla volta il latte.
Preparate gli stampini per mini-muffin, versatevi il composto riempiendoli per ¾ e infornateli.

Rendete lo zucchero a velo con l'aiuto di un trita spezie.
Una volta sfornati i muffin, lasciateli raffreddare e cospargeteli di zucchero a velo.

Mochi daifuku giapponesi

... è un dolce tradizionale nipponico che viene consumato durante tutto l'anno, anche se è caratteristico del capodanno.

Ingredienti
- ✓ 300 g di farina di riso
- ✓ 350 g di zucchero semolato
- ✓ 200 g di fagioli azuki
- ✓ sale

Cottura: in vaporiera per 1 ora.

Procedimento
Per realizzare la marmellata di azuki lavate i fagioli in acqua corrente per 3 volte e buttate via l'acqua ogni volta, poi metteteli in ammollo in una terrina, coprendoli con dell'acqua per una notte.
Il giorno dopo, versate i fagioli con la loro acqua in una pentola e fateli bollire per 10 minuti, quindi scolateli dall'acqua e rimetteteli nella pentola.
Aggiungete altra acqua coprendoli di 2 volte il loro volume e versate 200 g di zucchero. Cuoceteli a fuoco medio fino a quando avranno raggiunto la consistenza di una marmella-

ta e nella pentola sarà rimasta poca acqua, quindi aggiungete un pizzico di sale.
Per realizzare la pasta scaldate 350 ml di acqua in un pentolino e una volta che avrà raggiunto il bollore aggiungete lo zucchero rimasto, mescolando fino a quando si sarà sciolto completamente.
Versate in una terrina la farina e aggiungete lentamente l'acqua zuccherata fino a ottenere un impasto liscio, omogeneo e malleabile. Avvolgetelo nella pellicola trasparente e mettetelo in frigorifero a riposare per 30 minuti.
Con la marmellata di azuki realizzate delle palline grandi come noci.
Realizzate dei dischi con la pasta, mettete al centro la pallina di marmellata e chiudeteli piegandoli a metà.
Cuoceteli nella vaporiera e serviteli caldi.

Mousse alla nocciola

… nasce come dolce al cucchiaio, ma lasciato in freezer qualche ora con uno stecchino in mezzo si trasforma in un gelato perfetto.

Ingredienti
- ✓ 60 g di pasta di nocciole
- ✓ 200 ml di panna di soia
- ✓ 3 fogli di colla di pesce
- ✓ 4 uova
- ✓ 100 g di zucchero semolato
- ✓ 1 bustina di vanillina
- ✓ 200 ml di latte di riso (vedi ricetta a p. 188)
- ✓ 50 g di nocciole

Procedimento
Mettete i fogli di colla di pesce in acqua fredda per 10 minuti. In una pentola versate il latte di riso e fatelo scaldare a fuoco basso. Appena si sarà leggermente scaldato aggiungete la vanillina facendola sciogliere con cura.
In una terrina sbattete i tuorli con lo zucchero e aggiungeteli al latte, mescolando fino a quando non si saranno sciolti, quindi aggiungete la panna di soia e la pasta di nocciole senza smettere mai di mescolare.

Togliete i fogli di colla di pesce dall'acqua e strizzateli, quindi aggiungeteli agli altri ingredienti mescolando continuamente.
Versate il composto nelle pirottine, e fate riposare in frigorifero per 4 ore.
Tritate le nocciole grossolanamente.
Al momento di servire, immergete le pirottine in acqua tiepida per qualche secondo, quindi capovolgetele, guarnite le mousse aggiungendo una manciata di noccioline tritate e servite.

Muffin di grano saraceno, cacao e mirtilli

... sono golosi, ma non per questo non possono essere ricchi di nutrimento.

Ingredienti

✓ 300 g di farina di grano saraceno
✓ 100 g di cacao amaro
✓ 250 g di yogurt di soia
✓ 250 g di latte di soia (vedi ricette a p. 187)
✓ 100 g di zucchero di canna
✓ 120 ml di olio di mais
✓ 1 bustina di lievito per dolci
✓ 50 g di cacao amaro
✓ 50 g di cacao zuccherato
✓ mandorle a scaglie
✓ mirtilli

Cottura: in forno preriscaldato a 180° per 15 minuti.

Procedimento

Preparate le gocce di cioccolato mettendo sul fuoco 120 ml di acqua, portatela a ebollizione, quindi aggiungete il cacao amaro e quello zuccherato, mescolando continuamente con una frusta fino a ottenere una crema omogenea, e non troppo densa. Realizzate delle piccole gocce di cioccolato su un foglio di carta da forno e mettetele in freezer per circa 1 ora per farle addensare.

Unite la farina di grano saraceno, il cacao, il lievito e lo zucchero. In un'altra ciotola unite lo yogurt, l'olio e il latte di soia: mescolate fino a che gli ingredienti non saranno ben amalgamati, quindi unite poco alla volta gli ingredienti secchi precedentemente mescolati, fino a ottenere un composto omogeneo.

Delicatamente unite anche i mirtilli e le gocce di cioccolato.

Versate il composto nelle pirottine precedentemente unte e infarinate, riempitele per ¾ e decoratele con qualche mandorla spellata, quindi infornate.

Muffin alla zucca

... muffin: dal francese «mouflet», soffice come il pane; o dal tedesco «muffen», piccole torte. Le prime versioni del muffin erano poco nobili: il fornaio di famiglia li cucinava per la servitù con i rimasugli del pane del giorno prima o i resti di lavorazione dei biscotti, mescolandoli con delle patate schiacciate. Il tutto veniva fritto facendo diventare il muffin leggero e croccante. Quando venne scoperto dai padroni dell'epoca fu promosso come pietanza preferita per l'ora del tè, dolci o salati.

Ingredienti
- ✓ 200 g di zucca gialla
- ✓ 1 cucchiaino di lievito per dolci
- ✓ 70 g di margarina vegetale (vedi ricetta a p. 167)
- ✓ 70 g di olio di semi
- ✓ 100 g di farina di soia
- ✓ 100 g di fecola di patate
- ✓ 120 g di miele
- ✓ noce moscata
- ✓ sale
- ✓ 1 uovo

Cottura: in forno preriscaldato a 200° per 20 minuti.

Procedimento

Cuocete la zucca in forno per circa 1 ora avvolta nella carta stagnola, pulitela dai semi e dai filamenti, e frullatela a purea.

Con uno sbattitore elettrico montate la margarina vegetale, l'olio, il miele e l'uovo, poi aggiungete la zucca frullata fino a ottenere un impasto omogeneo.

Unite la farina con la fecola di patate, un pizzico di sale, una spolverata di noce moscata e il lievito.

Versate l'impasto in una terrina e aggiungete delicatamente gli ingredienti secchi, quindi versate l'impasto nelle pirottine riempiendole per ¾ e infornate.

Pandispagna al cacao

... nel '700 il cuoco genovese Cabona venne inviato in Spagna a seguito dell'ambasciatore Pallavicini. In occasione di un banchetto preparò una torta basata su una pasta di incredibile leggerezza, che prese il nome di «pan di Spagna» per onorare la corte spagnola che aveva decretato la fortuna della preparazione.

Ingredienti
✓ 30 g di cacao amaro
✓ 130 g di farina tipo "0"
✓ 50 g di fecola di patate
✓ 300 g di zucchero semolato
✓ 6 uova

Cottura: in forno preriscaldato a 180° per 40 minuti.

Procedimento
Montate le uova con lo zucchero fino a ottenere un composto chiaro e spumoso (circa 15-20 minuti).
In una terrina unite la farina, la fecola di patate e il cacao, poi aggiungetele poco alla volta alle uova montate, mescolando delicatamente dal basso verso l'alto per evitare che le uova si smontino.

Ungete una tortiera e infarinatela, versate il composto e infornate.

Pandoro

... ho fatto di tutto, provato e riprovato cambiando dosi, proporzioni, tempi, prima di riuscire a ottenere un pandoro che addolcisse anche le mie feste natalizie.

Ingredienti

✓ 470 g di farina tipo "0"
✓ 10 g di lievito di birra
✓ 50 g di acqua tiepida
✓ 8 uova
✓ 140 g di zucchero semolato
✓ 290 g di margarina vegetale (vedi ricetta a p. 167)
✓ 1 bustina di vanillina
✓ zucchero a velo
✓ sale

Cottura: in forno preriscaldato a 180° per 60 minuti.

Procedimento

Sciogliete il lievito di birra nell'acqua tiepida, aggiungete 50 g di farina e impastate fino a ottenere un impasto liscio, quindi fatelo lievitare il doppio del suo volume.

In un'altra terrina impastate 2 uova, 150 g di farina, 40 g di zucchero e 40 g di margarina vegetale, quindi aggiungete il primo impasto lievitato, lavorate bene e fate lievitare fino al doppio del suo volume.
Fate sciogliere a fuoco basso la margarina vegetale rimasta.
In un'altra terrina unite 270 g di farina, 100 g di zucchero, 3 uova intere, 3 tuorli, un pizzico di sale, la vanillina e la margarina fusa, quindi unite il tutto al precedente impasto lievitato.
Dividete l'impasto in due parti uguali, versatelo in 2 stampi da pandoro e lasciate lievitare per 12 ore, quindi infornate.
Una volta terminata la cottura capovolgete gli stampi, fateli raffreddare e servite i pandori cosparsi di zucchero a velo.

Sacher torte

... nata nel 1832 a Vienna, viene tradizionalmente servita con una tazza di tè o caffè poiché molti viennesi la considerano «troppo secca» per essere gustata da sola. Ancora oggi la ricetta ufficiale di questa torta è custodita gelosamente dalla pasticceria dell'Hotel Sacher, che ne produce artigianalmente oltre 270.000 all'anno. Ma a questa versione non manca proprio nulla!

Ingredienti

✓ pandispagna al cacao (vedi ricetta a p. 259)
✓ 450 ml di acqua
✓ 200 g di cacao amaro
✓ 200 g di cacao zuccherato
✓ 100 g di zucchero a velo
✓ 320 g di marmellata di albicocche

Procedimento

Preparate il pandispagna.

Una volta che il pandispagna si è raffreddato tagliatelo a metà, appoggiate la base su una gratella e il tutto su una placca da forno sulla quale colerà la glassa in eccesso.

Sciogliete la marmellata in un pentolino a fuoco basso e, usandola tutta, spennellate la base del pandispagna, compresi i

bordi. Richiudete la torta e spennellate anche la parte superiore, quindi fatela asciugare per 30 minuti.
Una volta raffreddata, preparate la glassa di copertura mettendo sul fuoco l'acqua: fatela bollire poi aggiungete il cacao amaro, quello zuccherato e lo zucchero a velo mescolando continuamente con una frusta fino a ottenere una crema omogenea.
Rovesciatela subito sulla torta ricoprendola completamente.
Sollevate delicatamente la torta infilando le dita negli spazi della gratella per evitare di rovinare la glassa.
Fate indurire la glassa lasciandola riposare in frigorifero per 2 ore.

Savoiardi

... alla base di dolci tipici come il tiramisù, ma anche buonissimi come accompagnamento per una tazza di tè.

Ingredienti
✓ 80 g di farina tipo "0"
✓ 80 g di fecola di patate
✓ 1 limone
✓ 7 uova
✓ 1 bustina di vanillina
✓ 130 g di zucchero semolato
✓ sale
✓ zucchero a velo

Cottura: forno preriscaldato a 200° per 15 minuti.

Procedimento
Montate i tuorli con 60 g di zucchero (mettendo da parte gli albumi), aggiungete la vanillina, la scorza grattugiata di ½ limone, la farina e la fecola di patate.
Montate gli albumi a neve con un pizzico di sale.
Versate gli albumi montati in una terrina e incorporate delicatamente 60 g di zucchero, mescolando dal basso verso l'alto

per evitare che gli albumi si smontino, quindi unite l'altro composto precedentemente preparato continuando a mescolare delicatamente dal basso verso l'alto. Con l'aiuto di una tasca da pasticcere realizzate delle lingue di impasto su una placca rivestita con carta da forno, poi cospargete con lo zucchero semolato rimasto e lo zucchero a velo, quindi infornate.

Sbrisolona al cacao

... va servita rigorosamente spezzandola con le mani, e raccogliendo le briciole che lascerete in giro mangiandole!

Ingredienti

✓125 g di farina di riso
✓75 g di fumetto di mais
✓40 g di granella di nocciole
✓140 g di farina di nocciole
✓100 g di zucchero semolato
✓150 g di margarina vegetale (vedi ricetta a p. 167)
✓100 g di cacao dolce

Cottura: forno preriscaldato a 180° fino a quando avrà preso un leggero colore dorato.

Procedimento

Sciogliete la margarina vegetale in un pentolino a fuoco basso. In una terrina unite la farina di riso, il fumetto di mais, la farina di nocciole, lo zucchero, il cacao e la granella di nocciole, infine aggiungete la margarina vegetale mescolando e sgranando bene l'impasto con le dita.

Ungete e infarinate una tortiera, versatevi l'impasto senza renderlo troppo liscio, e infornate.

Tartufini al cocco

... sono come le ciliegie, non solo per la loro forma, ma perché uno tira l'altro... «Tu resistere non puoi!»... e i miei amici lo sanno bene!

Ingredienti

- ✓ 125 g di cacao amaro
- ✓ 125 g di cacao zuccherato
- ✓ 200 g di margarina vegetale (vedi ricetta a p. 167)
- ✓ 150 g di farina di cocco
- ✓ 100 g di zucchero a velo

Procedimento

Mescolate il cacao amaro, il cacao zuccherato, 50 g di farina di cocco e lo zucchero a velo.

Mettete la farina di cocco rimasta in un piatto.

In un pentolino sciogliete la margarina vegetale a fuoco basso e poi fatela raffreddare.

Unite la margarina fusa agli ingredienti secchi e mescolate fino a ottenere un impasto morbido e malleabile. Formate delle palline grandi come noci e fatele rotolare nel piatto con la farina di cocco.

Disponete i tartufini su un piatto in modo tale che non si attacchino tra loro e fateli addensare in frigorifero per 3 ore.

Tiramisù

... si può preparare velocemente, anche in compagnia, con il piacere di leccare pentole e cucchiai durante la preparazione, e far sorridere tutti coloro che ne assaggiano anche solo un cucchiaino, increduli!

Ingredienti

- ✓ 500 ml di panna di soia
- ✓ 6 cucchiaini di zucchero a velo
- ✓ 1 cucchiaino di amido di mais
- ✓ 3 cucchiaini di farina tipo "0"
- ✓ savoiardi (vedi ricetta a p. 265)
- ✓ caffè
- ✓ cacao amaro

Procedimento

Scaldate la panna di soia sul fuoco, aggiungete lo zucchero a velo, l'amido e la farina, e mescolate fino a ottenere una crema omogenea, quindi fatela raffreddare (nel caso fosse troppo densa, aggiungete un goccio di latte di riso).

Preparate una caffettiera di caffè e fatelo raffreddare.

Mettete uno strato di crema sul fondo di una teglia, cospargete con un po' di cacao, inzuppate i savoiardi nel caffè e

realizzate degli strati ricoprendoli di crema e di cacao fino a quando arriverete al bordo della teglia.
Finite coprendo tutto con la crema e un'abbondante spolverata di cacao.
Mettete in frigorifero e fate riposare per 2 ore.

Torta all'ananas

... il segreto sta nella caramellatura delle fette di ananas, che diventerà dolce e morbida una volta capovolta la torta.

Ingredienti
✓1 barattolo di ananas sciroppato
✓200 g di farina tipo "0"
✓100 g di margarina vegetale (vedi ricetta a p. 167)
✓250 g di zucchero semolato
✓4 uova
✓1 bustina lievito per dolci
✓sale

Cottura: forno preriscaldato a 180° per 40 minuti.

Procedimento
Scolate le fette di ananas tenendo da parte il succo.
Mettete 50 g di zucchero in uno stampo per torte e scioglietelo passando il fondo della tortiera sul gas a fuoco medio.
Una volta che si sarà sciolto completamente e brunito, toglietelo dal fuoco e appoggiateci sopra le fette di ananas.
Sciogliete la margarina vegetale in un pentolino a fuoco basso e fatela raffreddare.

Montate i tuorli con lo zucchero rimasto (mettendo da parte gli albumi), poi aggiungete la margarina fusa, la farina, il lievito e ½ bicchiere di succo di ananas precedentemente messo da parte.
Montate gli albumi a neve con un pizzico di sale e poi incorporateli al composto precedentemente preparato avendo cura di mescolare delicatamente dal basso verso l'alto per evitare di smontare gli albumi.
Versate il composto nella tortiera e infornate.
Una volta cotta, lasciate raffreddare la torta 5 minuti, poi capovolgetela sopra un piatto.

Torta spumosa al cioccolato

... lo dice il nome stesso, è spumosa e leggera, ideale per l'ora del tè.

Ingredienti
✓ 150 g di margarina vegetale (vedi ricetta a p. 167)
✓ 300 g di cacao zuccherato
✓ 100 g di zucchero semolato
✓ 6 uova
✓ 1 bustina di vanillina
✓ sale

Cottura: forno preriscaldato a 150° per 50 minuti.

Procedimento
Mettete a bollire una pentola di acqua.
In un pentolino fate sciogliere la margarina vegetale a fuoco basso, aggiungete il cacao e mescolate velocemente fino a ottenere una crema.
Montate gli albumi a neve con un pizzico di sale, quindi aggiungete delicatamente 50 g di zucchero.
Sbattete i tuorli con lo zucchero rimasto e la vanillina, poi uniteli alla crema di cioccolato e infine incorporate delicatamente gli albumi montati fino a ottenere un composto omogeneo.

Ungete lo stampo e cospargetelo di zucchero, versate l'impasto e infornate mettendo la tortiera in una teglia alta e piena di acqua bollente. A cottura ultimata sfornate e lasciate lo stampo a bagnomaria per altri 5 minuti, quindi togliete la torta dal bagnomaria e lasciatela raffreddare.

Tortino soffice di riso

...un tortino leggero e dolce ma dietetico.

Ingredienti
- ✓ 200 g di farina di riso
- ✓ 1 bustina di lievito per dolci
- ✓ 3 uova
- ✓ 150 g di zucchero semolato
- ✓ 1 limone
- ✓ 10 ml di latte di riso (vedi ricetta a p. 188)
- ✓ 100 g di margarina vegetale (vedi ricetta a p. 167)
- ✓ miele

Cottura: forno preriscaldato a 220° per 20 minuti.

Procedimento
Montate le uova con 120 g di zucchero, aggiungete la scorza grattugiata del limone, il succo di ½ limone e il latte di riso.
Mescolate la farina di riso e il lievito e uniteli poco per volta all'impasto precedentemente preparato.
Sciogliete la margarina vegetale a fuoco basso, unitela all'impasto, quindi lasciate riposare per 30 minuti.
Ungete e infarinate gli stampini, e riempiteli per ¾ con il composto, quindi infornateli.

Una volta cotti, lasciateli raffreddare 10 minuti a forno spento. Nel frattempo preparate lo sciroppo con il quale guarnirli, mescolando lo zucchero rimasto con 1 cucchiaio di miele e 1 cucchiaio di acqua fredda.
Infine glassate i tortini e serviteli.

Indice

salute&benessere

Ulrich Arndt, *Le alghe della salute. Spirulina, Clorella, Klamath, Superfood naturali di forza, bellezza e benessere*
Diego Balducci, *Sempre in forma! Come affrontare con successo gli anni che passano*
Maria Gabriella Bardelli, *La guarigione è dei pazienti. Con la mappa di Hamer e l'ascolto di Claudia Rainville*
Adriano Bettini, *Storie in movimento. Educare i bambini a una sana e divertente attività fisica e di gruppo*
Massimo Bianchessi, *Come sono guarito dalla psoriasi. La cura che funziona: facile, naturale, economica*
Valentina Bianchi, *I funghi medicinali. Per vivere a lungo in perfetta salute*
Victoria Boutenko, *La rivoluzione degli smoothies. I frullati verdi per essere sempre sani, in forma e pieni di energia*
Gudo Bozak, *Principi e pratica del Tai Chi Chuan. Disciplina interiore e armonia fisica nell'arte marziale «dolce» cinese*
Umberto Carmignani, *Il grande manuale del Reiki. Origini, filosofia, tecnica, applicazioni*
Silvia Carri, *Stagioneterapia. Salute e bellezza seguendo i ritmi delle stagioni*
Maurizio Costi, *Il sale dell'Himalaya. Perché fa bene e come usarlo*
Giorgio Cusin, *Manuale di Stretching Shiatsu. Esercizi per riequilibrare e mantenere la propria energia*
Mariella D'Amico, *Mangiamo a colori. Aumentare salute ed energia con il giusto equilibrio acido-alcalino*
Max Damioli, *Il libro del respiro. Perché è importante imparare a respirare meglio*
Joël Dehasse, *Amare, capire, educare il proprio gatto*
Marilena D'Onofrio, *Il grande libro delle ricette per la dieta dei gruppi sanguigni*
Anne Dufour, *La dieta Okinawa. Per essere in forma, per vivere a lungo*
Anne Dufour, *La dieta agar-agar. Per ritrovare una linea e una forma perfette*
Ehret A., *La dieta senza muco oggi*
Laura Fezia, *Choku Rei. Riconnettersi con la vita. Il vero significato, la tecnica e i simboli del Reiki*

Laura Fezia, *I chakra - Teoria e pratica. Per ritrovare armonia, equilibrio e benessere*
Alessandro Gornati, *Per una pelle sana e perfetta. I rimedi naturali per la tua epidermide*
Amalia Gorni, *Vedere bene senza occhiali. Come ottenere il massimo con il metodo Bates*
Pierluigi Graziani, *Come smettere di bere (e ritrovare una salute perfetta)*
Guillain, *I bagni derivativi. Un mezzo facile e gratuito per mantenersi in forma*
France Guillain, *Il bagno derivativo. Cent'anni dopo Louis Kuhne*
France Guillain, *Il metodo France Guillain. Per una vita sana e armoniosa*
France Guillain, *Il nuovo libro dei bagni derivativi*
Sophie Lacoste, *Le sorprendenti virtù del digiuno. Il metodo più semplice per restare in buona salute*
Rudy Lanza., *Il benessere dell'intestino. Curarsi e purificarsi con i metodi naturali*
Rudy Lanza, *Una salute di ferro. Curarsi in modo naturale con gli oligoelementi*
Anne Laroche de Rosa, *Il latte. Un alimento da evitare*
Alix Lefief-Delcourt, *L'aglio tuttofare. 1001 segreti di un ingrediente magico per la salute, la casa, la cucina*
Alix Lefief-Delcourt, *L'ortica tuttofare. Per la salute e la bellezza, in giardino e in cucina*
Carlo Maggio, *100 anni da giovane. I segreti per vivere a lungo in piena salute fisica e mentale*
Simone Martinelli, *La naturopatia a tavola. Come il buon cibo può diventare la tua migliore medicina*
Tatiana Maselli, *Saponi e cosmetici fai da te. Manuale completo di formule, ricette e segreti per una bellezza facile e naturale*
Stefano Momentè, *Né di carne né di pesce. Manuale del perfetto vegetariano*
Stefano Momentè, *Non ammalarti mai più. L'igiene naturale e l'alimentazione per mantenersi in perfetta salute*
Franco Mongini, *Capire il mal di testa e combatterlo con successo*
Sandrine Monrocher-Zaffarano, *La vita senza pannolini. L'igiene naturale del bambino*
Marie-France Muller, *Curarsi con l'aceto. Un elisir di lunga vita*
Marie-France Muller, *Curarsi con l'argilla. Una millenaria terapia naturale*
Marie-France Muller, *Un rimedio-miracolo. Il cloruro di magnesio*

Marie-France Muller, *La medicina naturale per i nostri animali. Curarli meglio, amarli di più*
François Nef, Yves Simon, *Come vincere l'anoressia (e ritrovare il piacere di vivere)*
Fausto Nicolli., *L'invisibile danza. Il Qigong e le Arti Marziali Interne*
Fausto Nicolli, *Il corpo ci parla. Salute e benessere con la kinesiologia tradizionale*
Fausto Nicolli, *Il cammino del benessere. Manuale di riflessologia energetica del piede*
Sabina Oggioni, *Il massaggio infantile. Una tecnica antica per il benessere del neonato*
Lorena Valentina Pajalunga, *Yoga per adolescenti. Semplici esercizi per crescere in armonia*
Enrico Petrella, *Il benessere della colonna vertebrale. Come mantenere la schiena in forma con esercizi yoga semplici e accessibili*
Salvatore Ricca Rosellini, *Gli alleati per la salute. Stomaco, fegato, intestino. Impara a prendertene cura*
Salvatore Ricca Rosellini, *Fegato sano. Il segreto per una vita in ottima salute*
Silvia Rollone, *Menopausa e rimedi naturali*
Stefania Rossi, *La floriterapia con i fiori australiani*
Stefania Rossi, *La floriterapia oltre Bach. I fiori californiani*
Sandra Sabatini, Silvia Mori, *Lo yoga nelle stagioni. Respiro e posizioni per essere in sintonia con i ritmi della natura*
Daniele Santagà, *L'aroma-massaggio. Gli oli essenziali per un'esperienza totale di benessere*
Daniele Santagà, *Il calore che guarisce. Moxa e coppettazione, la via cinese al benessere*
Massimo Shankar Furia, *Karuna Reiki®. Guida alle guarigioni energetiche*
Lise Soto, *Bicarbonato. Un rimedio ecologico e alla portata di tutti*
Tiziana Tomasoni, *La floriterapia in gravidanza. Un aiuto per il tuo benessere e per quello del tuo bambino*
Emiliano Toso, *Come ho vinto l'ansia da prestazione sessuale. Storie di chi è guarito da un problema diffuso*
Matt Traverso, *Superfoods. Il cibo è la medicina del futuro*
Christopher Vasey, *Un inverno senza influenza. Come rafforzare le nostre difese naturali*
Christopher Vasey, *L'acqua fonte di salute. I danni della disidratazione*

Finito di stampare
nel mese di settembre 2014
presso La Grafica Nuova - Torino
per conto di Lindau - Torino